Une vie vers son destin

Herme Indi da Fonseca, je suis né le 12 avril 1982 en Guinée-Bissau, région sud du pays, fils de Luis da Fonseca et d'Eva José Cà. Je suis né à Catio région numéro 1, où mon père a rencontré ma mère, lors d'une mission de travail, comme chef de la région sud pour le projet hollandais des eaux potables, pour le ministère des ressources naturelles.

Ma mère était une jeune fille, d'une beauté exceptionnelle qui pouvait attirer l'attention d'un homme charmant, surtout dans le cas de mon père. Celui-ci contrôlait son travail mais aussi des belles femmes. Il a trouvé ma mère et a décidé de la prendre comme épouse. La fiancée avait 14 ans.

À l'époque, les mariages étaient très précoces en Afrique, surtout en Afrique noir. Mais celui de mon père n'était pas

1

du tout apprécié par sa famille, parce que, même s'ils étaient de la même ethnie, ils n'étaient pas du même village. Dans les années 80 la coutume était d'imposer la femme au jeune garçon au lieu de le laisser faire son choix.

Comme mon père préférait ma mère, il était hors de question d'accepter la volonté de ses parents et de toute sa famille. Pour mon père, son travail et sa responsabilité lui suffisaient pour vivre avec ma mère qui était déjà enceinte pour la première fois à l'âge de 14 ans.

Une mère malgré son âge

Malgré son jeune âge, ma mère avait les formes d'une fille de 18 ans ce qui a fait, qu'étant enceinte de moi, elle a dû être mariée plus tôt que ses camarades. Mais sa grossesse à son âge, a fait craindre aux gens de son entourage et à tout le quartier, qu'elle ne pourrait pas me mettre au monde.

C'est à ce moment là que ma grand mère a décidé de la prendre en charge. Selon elle des gens avaient l'idée de la faire avorter. Ma grand-mère a refusé cela : « Si elle arrivait à faire naître les enfants des autres, elle ne pouvait faire moins pour sa fille ».

Ma maman a été suivie par ma grand-mère jusqu'au moment de son accouchement, qui a été plutôt bien réussi grâce à la médecine traditionnelle et en même temps à la médecine moderne. Grâce à elle ma mère a aussi

pu mettre au monde mes frères et
sœurs sains et saufs.

Cela m'a beaucoup lié avec ma grand-
mère, même si cet amour ne s'est pas
manifesté au moment de mon enfance
à Catio.

Mon père a décidé de me donner le non
d'Hermès, c'était celui d'un secrétaire
de leur projet à ce moment-là, il était de
nationalité hollandaise. Mais le nom
provient de saint Hermès.

Quand j'ai commencé à bien connaître
le village où vivait ma grand-mère, je
demandais de temps en temps à lui
rendre visite, cela correspondait aussi à
mon intérêt de chercher des bananes à
la concession du frère de mon grand
père Martinho, car j'aimais aussi
beaucoup les fruits …

Quand je partais la visiter dans son
village de Catchanga, à mon retour elle
savait déjà qu'il fallait préparer les
bananes et l'huile de palme, qui servait

à préparer mon repas. Ma nourriture était typiquement traditionnelle préparée à base de riz fraîchement récolté, en plus du lait de vache et de l'huile de palme.

Même quand j'habitais chez mon père s'il me venait en tête de partir vers le village de la grand mère, c'était difficile de me l'interdire, car il savait que mon objectif et la raison pour laquelle je voulais partir, était à cause des bananes et le plat fait maison par la grand mère ou par la femme de mon oncle Paulo !

Celle-ci m'a beaucoup aimé. Une femme inoubliable dans notre la famille. Avant que j'arrive elle savait déjà que « *Petit mari Herme* » arrivait. Il fallait me rendre heureux, car elle me disait « tu es mon mari ».Selon la tradition de nos ancêtres, le neveu de son mari ou les enfants de sa sœur, avaient le droit d'hériter de leur oncle, par contre ceux de son frère n'avaient pas droit à l'héritage.

Cela veut dire : pour ta sœur l'enfant vient d'elle, de son ventre, mais pour ton frère l'enfant vient de sa femme, il peut donc être de quelqu'un d'autre ! C'est ce qui fait dans notre culture ancienne que le seul enfant de la sœur a droit à l'héritage.

Aujourd'hui la tradition de ceux qui nous ont précédés dans la vie commence à disparaître, mais je garde toujours la souvenir de mon enfance avec elle.

Ma curiosité envers le caméléon

Ma curiosité d'enfant me menait à découvrir le monde. À Catio, quand j'étais tout petit, têtu, suivant mes idées, j'avais l'habitude de suivre les amis plus âgés que moi pour rechercher des noix d'acajou. Souvent je me retrouvais parmi les plus petits du groupe.

Un jour nous étions partis à la recherche d'acajou, et à la fin de notre marche, nous nous étions retrouvés sur un nid de caméléon. Dans le tissage plissé du nid il y avait plus d'une dizaine de petits caméléons vivants. Dans notre théorie d'enfants, celui qui arrivait à toucher la queue des petits caméléons, aurait une très belle écriture. Ceux qui avaient du courage étaient allés les toucher, et moi aussi parmi les plus petits. J'étais présent avec eux pour toucher la queue des petits caméléons.

En réalité j'avais peur, mais ce jour-là le Seigneur m'avait donné du courage pour toucher la queue des caméléons, très désireux que j'étais pour avoir une belle écriture.

Par contre il y avait des plus âgés que moi qui n'ont pas eu le courage d'approcher le nid des caméléons. En réalité je me demande si c'est d'avoir touché la queue du caméléon qui a fait que j'ai une belle écriture. Ça peut être un don ? Car il y avait aussi de mes proches à moi qui étaient avec nous pour toucher la queue des caméléons, mais jusqu'à aujourd'hui ils n'ont pas de belle écriture !

Les caméléons peuvent faire varier leur couleur, ce qui nous avait motivés pour le toucher, ainsi nos écritures seraient aussi variées ... Comme je dis toujours, tant qu'un homme n'a pas découvert quelque chose pour lequel il serait prêt à mourir, ce n'est pas la peine de vivre.

Les caméléons ont du mal à marcher sur le sol. Selon notre regard ils sont charmants quand ils marchent, mais ils sont plus agiles dans les arbres. Leurs doigts forment de véritables pinces pour s'agripper aux branches. Ils possèdent aussi une longue queue qui peut s'enrouler sur elle-même et s'accrocher aux branches.

Les caméléons se nourrissent surtout d'insectes. Ils les capturent grâce à leur très longue langue visqueuse : quand ils ont repéré une proie, ils projettent leur langue hors de leur bouche, en la déroulant un peu comme un serpentin. L'insecte se trouve englué dessus, et le caméléon n'a plus qu'à « replier » sa langue dans sa bouche.

Les caméléons ont une autre particularité étonnante : même si on faisait tout pour éviter le contact direct avec eux, face à face, pour nous mettre hors du danger de leur poison, leurs deux yeux peuvent bouger indépendamment l'un de l'autre. Par exemple, un œil peut regarder en haut pendant que l'autre regarde en bas ! La peau de la plupart des caméléons a des motifs à dominante verte, ce qui les aide à se camoufler dans les feuilles des arbres.

Ils peuvent faire varier l'intensité de la couleur et les motifs de leur peau pour mieux s'adapter à leur environnement. Mais contrairement à une croyance répandue, si on pose un caméléon sur un chapeau jaune ou un t-shirt rouge, il ne deviendra ni jaune ni rouge ! En fait, les caméléons changent surtout de couleur en fonction de leur humeur. Par exemple, le caméléon commun (normalement de couleur verte) devient tout noir s'il est en colère. Des fois, on les frappait avec des bâtons, on était vraiment méchant avec eux.

Ma cicatrice

C'est bizarre ! Un beau matin où j'avais faim je me suis rendu à la cuisine cherché de quoi manger. À mon arrivée il n'y avait rien, même pas les fruits que j'aimais beaucoup, les bananes.

J'ai cherché de quoi me satisfaire. À ma surprise Il y avait ma petite tante Quinta qui préparait la bouillie pour ma petite sœur Elizaria. Comme j'ai marché très tôt, à 9 mois, j'étais tout petit de taille, et j'avais aussi l'habilité et le dynamisme.

Il fallait voir le geste que j'ai fait pour tirer la marmite où Quinta préparait la bouillie…. je ne savais pas qu'elle était chaude !

Il fallait la tirer vers moi, même si elle tombait je profiterais pour manger les restes. Ça aurait suffi pour me satisfaire. Quand la marmite est tombée avec la bouillie, comme l'enfant est toujours béni par le Bon Dieu, c'était comme si on m'avait poussé, la bouillie est tombée sur ma jambe. Sacré veinard que j'étais de ne l'avoir pas reçue sur le visage. Mais aussi ça m'a servi d'avertissement pour ne pas rentrer dans des endroits interdits aux enfants.

J'ai passé deux mois sans pouvoir marcher, maman passait tout son temps pour me conduire au soigneur traditionnel, qui me mettait une feuille de tabac fraîche pilée, pour me soigner contre la brûlure, je n'étais pas prêt à croire qu'un jour je pourrais marcher, mais j'aimais encore la bouillie !

Que diable ! Quand un homme noir est blessé ou malade c'est la faute du mauvais œil. Pendant tout ce temps, avec la brûlure, il régnait dans ma vie un silence total, une « discipline militaire », j'étais calme et très poli car je sentais qu'il m'était difficile de jouer avec des amis : en cas de bagarre je n'avais pas la force d'éviter l'escalade. J'ai fait souffrir ma mère, mais une mère reste la protectrice de son fils.

Mon père de son côté me faisait poser le pied à terre par force, c'est comme ça que j'ai commencé à marcher de nouveau. Des fois il insistait pour que je coure avec lui, pour me fait plaisir, il transformait ces courses en épreuves d'athlétisme : on prenait chacun un chemin différent pour voir qui arriverait le premier. Le perdant devait être frappé d'un coup de bâton.

Au revoir à la grand-mère

Un jour, je suis allé visiter la Grand-mère, pour profiter aussi de la beauté de la nature. Quand je suis arrivé, à ma surprise il y avait déjà ma cousine Jasmina (Mina) qu'était chez elle.

Jasmina partageait la même chambre et le même lit que la grand-mère. À mon arrivée on m'a placé dans la même chambre et le même lit. Moi et Jasmina avions le même âge, avec une différence de quelques mois et nous étions proches, vraiment amis. Quand on allait dormir avant que la grand-mère n'arrive, c'était un problème pour savoir qui dormirait devant (près de la porte), c'est qu'on commençait à se battre pour décider qui devrait dormir devant, car là nous avions peur.

Quand la grand mère arrivait, elle commençait par me critiquer : « Herme c'est toi l'homme, tu dois rester devant ». Je répondais à la grand-mère : « Si le loup vient il ne prend pas l'homme ? - Non il n'y a pas de loup ici ! - On m'à dit qu'il y a des loups ici au village ! - Non Herme c'est faux, tu as seulement la peur d'être devant, c'est tout, mais il y n'a pas de loup. »

Le matin je l'accompagnais à la campagne pour le travail des céréales au champ. Je partais avec ma cousine, ou parfois seulement avec la grand-mère puisque j'étais l'homme et Jasmina restait à la maison avec la femme de notre oncle Paulo.

A mon arrivée au champ avec la grand mère, j'avais à peine touché deux brins de paille que je commençais à lui poser des questions jusqu'au moment de rentrer à la maison. Quelles questions ?

- Grand-mère dis-moi quand est ce que mon père va envoyer le véhicule pour venir me prendre ?
- Grand-mère, quand est-ce que nous aurons des fruits ?

15

- Grand-mère, ça c'est quoi ?
- Quand nous aurons des fruits j'en
  mangerai, n'est ce pas ?
- Grand-mère, le nom de cet fruit c'est
  comment ?

Elle me disait : « Herme il faut
travailler ! » Ok, et je commençais à
travailler, 15 minutes de silence ; et je
posais encore des questions à la grand
mère !!

- Grand-mère quand je partirai avec
mon père vous allez me donner des
bananes ?

- pour aujourd'hui qu'allons nous
manger?

La grand-mère me répondait : « Herme
tu pourras devenir journaliste !!! Tu
poses trop des questions ! » Oui, je
posais des questions pour savoir où je
pourrais me situer.

Je suis né avec cette habitude de poser beaucoup de questions ! Même si je comprends bien les choses, je veux avoir d'autres versions, et pouvoir mieux comparer à ce que je sais ; surtout dans mon école, dans le domaine du travail et des cadres amicaux...

Oui, je pourrais être journaliste ! Même journaliste provocateur, qui pousse l'autre à s'exprimer. Je dis toujours aux Africains : « Avant de parler, demande-toi si ce que tu vas dire est mieux que le silence. ». On pourrait aussi le dire à nos dirigeants.

En 1988, c'était la fin de la mission de mon père à Catio, donc il fallait envoyer des gens pour me récupérer chez la grand-mère, je refusais de la quitter car ça tombait mal : la nature plus mon intérêt pour les fruits, surtout les bananes. Il fallait que mon père me fasse des promesses pour me convaincre, lui même était venu me chercher avec cette promesse : m'acheter le ballon de foot, qui manquait au village de la grand-mère. La promesse a été respectée par mon père. Sinon j'étais tellement content chez la grand-mère que je n'aurais pas quitté son village.

La manière dont j'aimais le foot pendant mon enfance, marquait mes parents, et mon oncle José N. dos Reis, qui m'avait fait cadeau de mon premier ballon, en même temps que du pagne traditionnel...

Orango Garande 1988

Finalement, quand mon père avait fini par me convaincre de quitter le village de ma grand-mère pour rentre à Bissau, c'était pour partir avec nous, 24 mois, loin de la capitale, aux archipels des Bijagos.

Pour mon père il fallait m'amener avec lui pour suivre mes études. Quand nous sommes arrivés j'ai vu ce bel archipel, sa nature, des hommes différents de culture et de tradition.

Sur le même bateau que nous, il y avait des femmes bien habillées à l'occidentale et modernes. À notre arrivée à la plage elles changeaient immédiatement de robe, mettant les jupes traditionnelle selon leurs coutumes et la tradition des ancêtres Bijagos. Je n'y comprenais rien. Maman m'expliqua qu'elles retournaient à leur coutume : habillement traditionnel avec une jupe à base de l'écorce des arbres, décorée avec de l'huile de palme.

L'accueil de notre famille a été plutôt favorable. Quand le roi de cette région a appris qu'il y avait des étrangers arrivés dans son archipel, il a envoyé les gens pour venir chercher mon père, qui lui ont demandé les besoins de notre famille. Finalement le roi Domingos Alves était attiré par le comportement au travail de mon père mais aussi celui de ma mère.

À partir de là, le roi et sa famille faisaient des cadeaux à la nôtre : du riz fraîchement récolté, de l'huile de palme, que j'appréciais beaucoup ainsi que luca mon petit frère et Quinta ma jeune tante. C'était au moment où maman était enceinte.

J'ai décidé d'aller étudier avec des amis de cet archipel. Mon père m'y a autorisé avec la permission de Joaquim Nanque qui était de la même ethnie que mes parents. Lui était en mission au ministère de l'éducation.

Quand j'ai fini ma première année, j'étais le plus petit du groupe qui méritait de passer en deuxième année. Mais mon professeur a préféré me faire redoubler au seul prétexte qu'il me trouvait encore jeune. Mais j'avais l'âge normal d'un élève d'école primaire !

J'ai donc décidé de rentrer à la maison pour aider ma maman enceinte, en cherchant (à un kilomètre de chez nous) l'eau pour la cuisine et pour m'occuper d'Iuca.

Les Bijagos ont la curiosité d'observer le comportement des invités et s'en étonnent. Ils appréciaient ma mère car elle était très calme et les jeunes garçons venaient chez moi pour apprendre la langue créole et pour jouer au foot avec moi.

Un jour, à la tombée du soleil, je rentrais de jouer au foot avec des amis.

À mon arrivée à la maison, j'ai trouvé ma mère toute différente ! Ce n'était pas comme j'avais l'habitude de la trouver. Quand je luis posais des questions, les femmes qui étaient à coté d'elle me disaient : « Herme il y a pas place pour les enfants ici ! » J'ai vite compris que ça n'allait pas de tout pour ma mère !

Elle a passé plus de cinq jours pour mettre Zeri au monde. Le mystère de Dieu était plus fort que le mystère du diable. J'ai passé ces cinq jours en posant des questions à la famille : « Il y a quoi avec ma mère ? » On ne m'a donné aucune explication ! J'ai compris que pour les femmes il y a des tabous, surtout en ce qui concerne l'accouchement. Mais en Afrique les tabous diffèrent selon la classe sociale et la religion.

Ma petite tante Quinta, qui était à coté de moi et de luca pour nous consoler, nous disait : « La maman va bien c'est juste des maux de tête ! ». À cette époque j'étais déjà intelligent, je ne pouvais pas accepter à cent pour cent, mais j'étais obligé, car l'enfant ne devait pas savoir les tabous des femmes. La tristesse a régné dans ma vie pendant ces cinq jours : je ne jouais pas au foot avec les amis, je ne partais pas visiter la nature ou les champs avec eux, il y avait un silence total dans ma vie.

Des sages femmes Bijagos étaient à coté de ma mère pour la soutenir.
Finalement ce petit frère est né malgré les difficultés. Le roi Domingos Alves a décidé de lui donner le nom de Bankanhapam, qui était l'ancien roi des Bijagos, mari de la reine Oquinka Pampa mais mon père et son ami Joaquin Nanque ont décidé de lui donner le nom de Jeri.

Pendant ces cinq jours, quand je dormais, mon cœur veillait. Le jeune garçon, malgré sa réserve, attendait l'amour paternel et maternel.

Bubaque 1989

Nous avons ensuite déménagé dans un
autre archipel des Bijagos où se
pratiquaient les mêmes traditions et où
se parlait la même langue. Il n'y avait
pas de surprise dans leur manière de
vivre ou leurs danses traditionnelles,
J'étais déjà habitué. Nous étions
installés chez un officier de police «
Pedro Sambu », d'ethnie Mansonga,
également étranger à l'archipel qui nous
avait accueillis favorablement.

Mon père avait cette habitude de faire
l'élevage des porcs qui servait juste
pour les besoins de notre famille. Aussi
pour la fête de Noël il faisait égorger le
porc pour le partager avec ses proches.
Le trente et un décembre il faisait la
même chose. Pour mon père la tradition
de faire égorger ou de verser le sang
d'un animal n'était pas un rituel
chrétien. Mais si le foyer est grand il

faut donc égorger pour satisfaire toute la famille.

Par contre quand nous étions à Catio, papa faisait égorger plusieurs poulets pour la fête de Noël. Je demandais alors à ma mère de me donner les têtes des poulets. Pour la nouvelle année, si c'était du porc, je ne pouvais pas manger toute sa tête ! Donc je ne demandais rien, parce que je savais que je ne pourrais pas le finir.

Bubaque m'a beaucoup marqué, j'étais un petit gosse qui bougeait trop, un peu partout. Un jour j'étais sorti avec des amis à la recherche des noix de cajou. J'étais monté sur l'arbre d'acajou depuis plus de dix minutes, quand la branche a cassé. J'ai commencé à tomber sur les autres branches. Par chance le pantalon que je portais était solide, mais il y avait le grillage métallique qui séparait la ferme des acajous où il y avait l'école primaire et la maison !

Quand je suis tombé sur ce fil de fer barbelé, il a accroché mon pantalon, ça m'a fait tourner la tête vers le bas, je n'ai pas touché terre, j'étais pendu, il n'y avait personne pour m'aider à m'en sortir et je suis resté pendant quelques minutes en faisant des manœuvres pour me décrocher. En fin de compte, j'ai pu m'en sortir sans blessure, mais avec mon pantalon déchiré et c'est cet incident que je gardé comme souvenir de Bubaque.

Au revoir les îles

Mes parents ont décidé de quitter les archipels pour s'installer définitivement à Bissau. C'était ma joie d'aller commencer mes études primaires, malgré l'absence de la nature, de l'air pur respiré sur cet archipel et la mer bleue des îles Bijagos.

Le souvenir de Bubaque reste toujours dans mon esprit, surtout la plage Escadinha et Rubane, où j'eus l'opportunité, pour la première fois, de m'enfuir de la maison pour assister au concert de Justino Delgado à l'occasion de la fête de Pâques.

Iuca mon petit frère m'avait suivi sur le chemin de la plage Escadinha pour assister à ce fabuleux concert. Il arrivait, tellement impressionné par la musique, qu'il a commencé à courir et il a dévalé l'escalier à presque trente mètres du niveau de la mer. Heureusement quelqu'un l'avait rattrapé, en me disant de prendre soin de mon petit frère alors que je n'étais même pas au courant qu'il était derrière moi !

L'esprit d'accueil des habitants de Bubaque s'est particulièrement manifesté au moment de les quitter. L'île de Rubane, avec sa beauté et son exceptionnelle plage de sable blanc attire l'attention des étrangers. Mais ses habitants ont peu d'ambition politique, leur niveau de vie n'est pas en rapport avec ses capacités économiques. L'agriculture et la pêche restent les principales activités et sources de revenus de l'archipel.

La mission de mon père n'était pas finie : on devait encore passer six mois à Djiu de Galinha (l'île des poulets) avant de rentrer, une île de forte culture Bijagos, qui a marqué aussi sa présence dans l'histoire coloniale, avec l'existence de la fameuse prison, où ont été emprisonnés José Carlos Schwartz, le père fondateur de la musique moderne

Bissau Guinéenne, certains de ses camarades et quelques combattants. Pour mon père il fallait m'amener là-bas pour que je la connaisse.

A mon arrivé dans cet île j'étais vraiment coupé de ma vie sociale, la société était beaucoup plus fermée que celle de Bubaque. Les archipels n'ont pas la même taille et la même manière de vivre. L'avantage était de connaître cette île et son histoire coloniale, à part ça, j'ai n'ai rien trouvé d'intéressant.

Papa à vite compris que nous ne pouvions pas nous adapter. Il a pris la décision de rentrer avec nous à Bissau pour que je continue mes études. Quand nous sommes rentrés, il a fait lui-même l'inscription en me disant que cette fois-ci, même s'il allait encore travailler en dehors de la capitale, nous y resterions toujours avec la maman.

 Quand il n'était pas avec nous, je commandais, je révisais quand je voulais. À son arrivée ça devenait

sérieux pour moi : il était toujours avec
son bâton qui était mon ennemi.
Comme j'étais faible dans les domaines
scientifiques, chaque soir je révisais
avec lui ; il gardait son bâton à côté de
lui pour me frapper!

Comme j'avais la volonté et l'énergie
d'être présent aux cours, sans absences,
sauf en cas de maladie, mon père était
toujours informé, soit par mon
enseignant, soit par la direction de mon
école. Papa passait chaque mois pour
demander le nombre de mes présences,
si les absences étaient justifiées et mon
comportement envers les enseignants.

Cette attitude a fait que j'étais toujours
prudent en matière de comportement
envers mes amis de l'établissement.
Même si je me bagarrais avec mes amis,
c'était hors de l'école, pour éviter les
appréciations disciplinaires ceci jusqu'à
l'année du bac.

 Mes absences étaient toujours
justifiées par des maux de tête qui

m'ont beaucoup fatigué pendant mon enfance. Même si je me sentais mal il fallait que je résiste pour être présent. A la maison aussi je restais avec le souci des cours. Encore maintenant, je suis résistant en cas de maladie je n'en parle pas à mes parents, sauf si ça me dépasse.

Quand la rentrée scolaire arrivait, si papa tardait pour m'acheter le matériel scolaire, c'était la confusion totale : je faisais la grève de la faim. Je n'aimais pas être en retard dans mon école, surtout à cause de mon enseignant qui était fier de me voir chaque jour dans la classe.

Quand mon père m'inscrivit dans l'école privée, pour suivre des cours deux fois par jour, c'était trop dur pour moi. Je n'étais pas capable d'avoir trois charges par jour, parce qu'une faute commise à l'école publique c'était un coup de bâton pour moi, au privé c'était d'être frappé avec une verge d'acajou ou de goyave, en plus papa m'attendait le soir à la maison avec son bâton que je n'adorais pas de tout. Il fallu donc que je négocie avec lui pour qu'il me retire de l'école privée.

En donnant une justification adéquate, papa m'a retiré de l'école privée, car mon grand problème était la verge de goyave. Pour moi il ne fallait pas attendre d'être parfait pour commencer quelque chose de bien.

Avec la pression que papa me faisait, il n'a jamais reçu pour moi de mauvais bulletin, toujours un bon. Même avec les maux de tête papa a vite compris qu'il fallait me soutenir à tout prix pour avoir mon Bac sans rater l'année,

Jusqu'à mon arrivée en Algérie, je ne connaissais pas le rattrapage. Et ici ce n'était pas par manque du sérieux mais parce que j'étais littéraire.

Jusqu'ici même si je dois souffrir, il faut que je donne le meilleur de moi pour

bien m'en sortir, sans redoubler en fin
d'année.

Ce désir d'étudier est toujours en moi.
Je demande à faire quelque chose
même si je ne connais pas. L'Afrique a
besoin de ses enfants qui l'aimant pour
se sentir « Maman Afrique ».

L'absence d'une mère

Maman me faisait préparer les repas pour mes petits frères IUCA et JERI, un an avant son départ, elle me disait l'homme doit savoir faire la cuisine pour mieux assurer son avenir, car le monde d'aujourd'hui est compliqué surtout que tu risque de voyager ! La jeunesse sans voyage c'est n'est pas la jeunesse.

Quand Maman a décidé de nous quitter, malgré mon entendement infantile, à ce moment j'avais onze ans, j'ai compris que ma mère partait définitivement. Le matin très tôt elle me dit : « Prépare-toi pour nous accompagner ». Ma mère a justifié les raisons pour lesquelles elle me laissait chez mon père. Mon cousin Antonio était aussi présent !

Jamais aucune femme n'a envie de quitter la maison de son mari en laissant son enfant mineur, même si la loi le permet. Pour Maman j'étais en avance dans mes études, et pour ne pas me mettre en retard, elle s'est mise d'accord avec mon père pour me laisser habiter tout près de mon école.

L'enfant que j'étais, ne pouvait rien comprendre. La souffrance était devant moi ! L'enfant, sans sa mère à la maison, est vraiment l'enfant de tout le monde. Si les choses vont mal, ce sera de sa faute ! Il sera soumis aux discriminations dans la famille et à la critique des voisins.

Maman me fit savoir qu'un jour elle pourrait venir me chercher chez mon père, mais mon père acceptait très rarement que je quitte sa maison, même pour visiter mes oncles maternels où je n'allais que deux fois par an. Le village de mon père est à 45 km de la capitale Bissau que je n'ai visitée qu'une seule fois. Le village de ma grand-mère maternelle (Ondame Biombo) était à 20 kilomètres dans l'autre direction.

La loi Bissau guinéenne demande que tous les enfants présentent leur carte nationale d'identité pour l'examen de passage de la quatrième année d'école primaire à la cinquième. Mon père a profité de cette occasion pour me faire établir un acte de naissance et la carte d'identité en mettant Biombo comme lieu de naissance. Pour lui il fallait faire ça pour me rattacher à ses origines. Il en profita pour m'expliquer la vie de son village, comment il avait été agrandi par les Portugais et me faire connaître ses ancêtres.

Maman m'avait montré comment vivre seul et me faire la cuisine. Chaque mois mon père me donnait l'argent pour acheter la nourriture quand, lors de ses voyages ou missions, je restais seul à la maison. Ou bien il donnait de l'argent aux voisines pour acheter les légumes qui me servaient à faire ma nourriture, ou qu'elles préparaient pour moi.

Si c'était moi qui devais préparer, des fois, j'oubliais de faire mon déjeuner pour manger avant d'aller à l'école. Quatorze heures arrivaient avant que j'aie fait la cuisine. Et comme je n'aimais pas du tout manquer les cours, j'étais obligé de laisser la nourriture et de rentrer à l'école affamé pour être à l'heure. Je mangeais seulement à mon retour.

J'ai vécu cette dure vie pendant un certain temps. Mon père donnait de l'argent à certaines dames pour m'aider à laver mes vêtements et Maman m'avait montré comment repasser mes habits.

Mais au fond de moi je me sentais seul, privé d'amour maternel, privé aussi de ne pouvoir partager avec mes frères. Ça a été un moment frappant de mon enfance. Mais peut être que le pire est à venir ! Je disais toujours que mon destin appartenait à mon Seigneur mais pas aux hommes du diable !

C'est à ce moment que Papa a décidé d'amener sa deuxième femme pour que je poursuive mieux mes études et j'ai pu avancer sans obstacle. À partir de ce moment ma vie retourna à sa normalité, mais pour un enfant l'amour d'une mère reste toujours fondamental. La mère biologique reste la mère éternelle.

Maman Irène prenait soin de moi pour éviter la discrimination dans la famille. Mais « l'homme n'est jamais parfait » ! J'avais tellement l'habitude de vivre seul, dans la discrétion, que c'était difficile de m'adapter. Pas facile non plus pour elle car on lui disait : « Tu vas entretenir l'enfant de quelqu'un, et demain il va reconnaître sa mère ! » Maintenant le monde est ingrat.

 Maman Irène continuait d'être auprès de moi même si ce n'était pas à cent pour cent. Elle avait la volonté de me soutenir dans ma vie, mais j'étais retenu dans les paroles et les actes et participais peu dans la vie quotidienne de la famille. Ce lui était difficile de comprendre que je n'étais pas un enfant mauvais.

Au moment où elle a décidé de rentrer chez elle, je lui étais devenu proche et je passais de temps en temps pour lui rendre visite, la considérant inoubliable dans ma vie ! Comme j'avais l'habitude de l'appeler Maman, jusqu'à aujourd'hui, peu de gens sont au courant que ce n'est pas elle ma mère biologique. Je ne fais pas la différence entre les deux.

Quand je lui rendais visite, elle préparait tout ce qu'elle avait à me donner comme fruits, légumes et poisson fumé, pour retourner à la maison de mon père afin que je puisse préparer ma nourriture pendant quelque temps sans faire des achats.

Mais le plus difficile pour moi c'était quand il n'y avait pas d'eau à la maison, il fallait que je parte à la fontaine pour chercher. Il y avait aussi des femmes qui faisaient la chaîne pour en avoir. Des fois celles qui avaient la qualité d'une vraie mère me disaient : « Laisse ton seau on va te le rendre plus tard avec l'eau. »

C'était comme ça que je passais tout ces temps en tenant le rôle d'une femme pour assurer mes études qui pourraient un jour porter des fruits.

Le divorce a également des conséquences qui concernent les enfants du couple. Même séparés, les parents conservaient les mêmes obligations vis-à-vis de moi et de mes frères. Mes deux parents exerçaient toujours conjointement l'autorité de parentale. Mais j'ai payé les pots cassés !

Il arrive souvent que l'enfant travaille tout simplement chez lui, pour aider la famille, il prépare le repas, s'occupe de la maison et prend soin de ses petits frères et sœurs comme ce fut mon cas à la capitale. En cas de visite au village, il travaille aussi aux champs et s'occupe des bêtes, Même si ce n'est pas dans des conditions pénibles, l'obligation d'accomplir ces tâches empêche les enfants de s'épanouir, de s'instruire et de vivre pleinement l'enfance.

En 1994, mon père a décidé de m'envoyer dans son village d'origine pour y connaître sa famille et les coutumes de ses ancêtres. À mon arrivée je ne connaissais rien sur la vie du village et la langue de mes parents (le pépél). Par contre mes demi-frères connaissaient la langue, car ils avaient vécu un certain temps au village de leur grand-mère.

Pour moi, c'était ma première visite au village de mes ancêtres. Mon demi-frère Wilson faisait la traduction quand on partait pour jouer avec des amis. Les gens n'arrêtaient pas de poser des questions sur la différence, qui existait entre moi et mes demi-frères. Même si on ne voyait pas la différence, quand je parlais, le gens entendait déjà que je parlais mal la langue et donc que je venais d'arriver au village!

Quand je rentrais à Bissau chez mon père, je lui racontais comment cela s'était passé au village avec des amis et mes demi-frères. Il comprit qu'il ne pouvait pas nous séparer, même si nous n'étions pas de la même mère, nous sommes ses enfants du même sang. Il décida que chaque week-end ou vacances de Pâques il m'enverrait pour apprendre sa langue maternelle.

Au moment où je partais au village, j'achetais des bombons et des sous vêtements pour en faire cadeau à mes cousins qui étaient mes guides et m'apprenaient la langue car mon père ne me parlait que le créole et le portugais ! Ma mère ne nous a jamais parlé la langue maternelle, donc je parlais les deux langues et les amis du village venaient aussi chez moi pour profiter de parler la langue créole en plus de leur langue maternelle.

La méthode utilisée avec les enfants, était plutôt favorable pour moi : chaque week-end, je payais le fil de pêche, pour aller faire de la pêche avec eux. Je parlais mal la langue, ils riaient de mon accent, ce qui m'encourageait à apprendre. C'est comme ça que j'ai pu parler la langue de mes origines. Aujourd'hui ça commence à être difficile pour moi de la maîtriser en raison de mon absence du pays depuis six ans, mais si quelqu'un parle, je comprends bien.

Un jour j'étais avec des amis et mon demi-frère Wilson qui était toujours à côté de moi au village. Lui aussi comprenait bien la langue. Nous étions allés pêcher et rechercher les fruits de mer. Vers midi, tout le monde était déjà fatigué et sur le point de partir, mais comme j'étais quelqu'un de très têtu, je les avais invités à faire de la natation alors que j'étais nul dans ce domaine.

A notre arrivée nous étions montés sur un tronc d'arbre sec qui flottait sur la mer comme une pirogue. Ceux qui savaient bien nager nous accompagnaient. À un certain moment il y eut une tempête accompagnée d'une forte pluie, le tronc sec où nous étions montés s'est renversé avec nous. Heureusement qu'il y avait parmi nous ceux qui savaient bien nager, et qui ont sauvé la vie des amis.

J'étais sur le tronc d'arbre, priant pour que les choses se passent bien, car c'était moi le plus grand du groupe, bien que je ne connaisse rien au village, et que j'étais obstiné à tout savoir. Dieu nous a donné le courage de vaincre le diable et à la fin nous étions tous sains et saufs.

J'étais obligé de mener une politique d'adaptation et de rigueur dans le seul but d'apprendre la langue maternelle, comprendre un peu leur coutume, aussi je ne regrettais pas d'aller au village de mon père pour y connaître leurs traditions.

Pour une fête de Pâques, j'étais sur le point de passer au village avec des amis, pour aller au village suivant de ma grand-mère maternelle Aroel Cà. Mes amis Celistino et Eugebio, qui étaient originaires de Biombo, sont passés au village de mon père « Quinhamel Tor » pour me retrouver, avec l'objectif de partir pour connaître Biombo, mais aussi fêter Pâques. Maman Irène savait que je voulais partir avec mes amis, il lui fallait communiquer avec mon père pour me donner l'autorisation de partir.

Et j'étais bien habillé, prêt à partir ! Il y avait déjà des gens qui me connaissaient là-bas sans m'avoir jamais vu. Au moment de partir, avant que le bus arrive, mon père est arrivé. Il me dit : « Mon fils tu ne peux pas aller plus loin ! » Je commençais à pleurer.

-« Non mon père laisse moi profiter de l'occasion pour visiter le village de ma mère. »

J'avais de mauvaises pansées envers mon père. Il m'appela :

-« Viens mon fils je veux t'expliquer la raison pour laquelle je t'interdis de visiter le village de ta grand-mère.
Quand je me suis marié à ta maman, nous étions de la même ethnie mais pas du même village. Par contre il y avait déjà la tante de ta mère qui était mariée ici dans notre village.

- Le mari de la tante de ta mère avant de décéder me disait, "mon neveu il faut protéger tes enfants ! Ne les laisse jamais aller de l'autre côté du village de leur grand-mère sans raison valable, parce que ce sont des gens très important ! Ils étaient nombreux (djagra) Ils étaient poursuivis par leurs proches, c'est pour cella ils sont restés peu nombreux, donc on doit garder leur racine Car ils sont déjà sur notre terre".

- C'est pour cela Herme je ne peux pas te laisser aller là-bas sans moi, c'est moi ton père si quelqu'un veut te faire du mal, en ma présence il va avoir peur. »

- « Ok, mon père j'ai compris ! Mais je suis encore petit, papa ! »

-« Oui je le sais très bien mon fils, mais chez nous ici, si quelqu'un ne peut pas faire du mal aux parents, il essaie d'atteindre les enfants. »

- « Ha bon ! Mais même ici ça peut m'arriver ! »

Je n'y étais même pas une semaine que je devins vraiment malade : le paludisme me faisait vomir tout le temps. En même temps Wilson attrapa aussi le paludisme ; Je décidais alors de quitter le village pour rentrer à Bissau et ne restais pas longtemps là-bas !
Profiter de leur manière de vivre n'a pas marché pour moi.

Trois garçons impertinents

Un jour vers dix heures du matin, mon cousin Bocurni Napoléon dos Reis et Antonio Lopes Co, m'accompagnèrent, pour la recherche de noix de cajou et de canne à sucre. Le chemin vers la ferme de canne à sucre était entouré de cajous et de mangues. En cours de route, un monsieur accroupi profitait de l'isolement de la ferme pour se soulager.

À leur surprise mon cousin se trouva sur lui avec Antonio Lopes Co, alors que j'étais toujours en retard, les voyants de loin. Ils ont commencé à rigoler et dire des mauvaises paroles sur l'homme accroupi. À mon arrivée, je leur ai dit : « Mais c'est quelqu'un d'âgé qui est là ! » Ils m'ont répondu « Mais s'il est âgé, pourquoi ne pas aller faire ses besoins à la maison, ou dans un endroit plus caché ? » Pour moi, je voyais le danger de rencontrer un adulte qui pouvait nous faire du mal. On a ri puis ils ont laissé tomber, nous étions presque arrivés à notre destination. Notre but était aussi de marauder le fruit des travaux de la ferme de canne à sucre.

Comme j'étais toujours dernier, j'entendis du bruit et vis le monsieur courir derrière moi, j'ai crié pour que les autres se sauvent et se cachent dans les arbres de cajou.

Je voulais aussi rentrer vers les arbres de cajous, mais il n'y en avait pas devant moi, seulement du sable ! On ne savait pas que le monsieur était un militaire. J'ai alors couru et crié pour retrouver une dame qui était à la recherche des troncs secs d'acajou. « Maman, sauve-moi ! Sauve-moi ! Je vais mourir. » J'ai embrassé la dame, qui a dit au monsieur : « Je vous en prie, pour l'amour de Dieu, il faut lui pardonner c'est un enfant innocent. » Le monsieur a dit : « Impossible de le laisser. » Comme la dame avait son fils sur le dos, il fallait le protéger et qu'elle me laisse à lui. Le monsieur a alors fait sortir un long fil métallique, et a commencé à me frapper, jusqu'à me blesser à la jambe.

Mon cousin avait parcouru plus de 2 kilomètres, jusqu'au port de la pêche Alto-Bandim, avant de remarquer que je n'étais pas avec eux ! Mais ça leur a fait mal au cœur de m'avoir perdu et ils sont retournés pour me chercher. Le monsieur me demandait où j'habitais ? Mon cousin est arrivé et a commencé à l'insulter. « Laisse le, tu es vieux ! N'as tu pas honte ? »

Pour lui, il fallait provoquer le monsieur pour que je puisse m'échapper ! Celui-ci était trop bête, il m'a dit : « Il faut m'attendre ici ! » J'ai répondu « Oui monsieur ». Il ne devinait pas qu'on allait le berner.

Il m'a laissé pour démarrer en vitesse vers mon cousin qui était sur un tronc d'arbre, mais faute d'avoir freiné à temps, il se cogna la tête sur le tronc d'acajou, et tomba à terre. Nous en profitâmes pour nous échapper et rentrer à la maison.

Par contre Antonio Lopes Co, avait parcouru presque trois kilomètres, jusqu'au marché des escargots. À son retour, il y avait beaucoup de gens sur le chemin, il ne savait pas que le monsieur pouvait y passer et il s'est retrouvé face à lui et se mit à pleurer.

Le monsieur lui a dit : « Mon garçon tu dois partir avec moi à la caserne militaire ! » Le petit disait : « Pardon pour l'amour de Dieu. » Le monsieur refusait de le laisser partir mais par chance, tante Teresa quittait le marché, et vit Antonio qui pleurait, attrapé par le monsieur. La tante a dit : « S'il vous plaît monsieur, vous pouvez m'expliquer la raison pour laquelle il pleure ? » Le monsieur lui a demandé : « D'abord, qui êtes vous? » Elle a répondu: « Je suis sa tante. » Le monsieur : « Ok, je dois partir avec lui à car il m'a insulté, c'est la raison pour laquelle je me suis fâché. »

Pour tante Teresa il ne fallait pas le laisser partir. Elle adoucit le monsieur, en enlevant la serviette qu'elle avait sur la tête et la déposa par terre, un geste sacré chez nous. Quand une femme enlève la serviette de sa tête pour la déposer par terre, il faut savoir que les choses deviennent vraiment sérieuses.

Quand les gens ont vu le geste de tante Teresa, ils ont commencé à poser des questions, ils se sont joints pour demander des excuses au monsieur, jusqu'à ce qu'il la laisse partir avec le petit. Mais malgré cela, le monsieur n'était pas du tout content. Arrivé à la maison, Antonio nous à trouvés jouant avec des amis, on a commencé à faire du bruit partout.

Le monsieur passait de temps en temps près de la maison pour voir notre réaction. Les autres avaient oublié son visage, mais moi non : je l'avais reconnu, un jour où il passait tout près de la maison. Je commençais à m'éloigner de mes amis, ils demandaient : « Herme pourquoi tu t'enfuis ? » Je leur fis un clin d'œil. Ils ont vite compris il fallait qu'on change de place pour un certain temps.

L'enfant de Djagra

En réalité « *un corps qui a le sang doit être malade* ». Si je n'avais pas été malade, je n'aurais pas eu l'idée de fuir de Bissau pour passer mes vacances à Catio. Comme j'étais un étudiant toujours présent en classe et participatif, je ne savais pas qu'un jour je pourrais tomber malade jusqu'au point de m'absenter des cours pendant trois semaines. C'était dur pour moi de ne pas pouvoir marcher. Je parlais peu, seulement si j'avais besoin de quelque chose.

C'était plus fort que moi, car je n'ai jamais autant souffert dans ma vie. Quand je regardais autour de moi, je ne voyais personne à mes côtés ! À part Wilson qui m'apportait des petites choses en cas de besoin. Je demandais tout ce qu'il me fallait auprès de mon lit. Parfois on me faisait sortir dehors pour prendre un peu l'air.

Comme Dieu fait toujours des merveilles, mon cousin s'est retrouvé avec mon père, il lui a demandé : « Mon neveu est là-bas ? » (Selon la tradition pépél ton cousin s'il est plus âgé que toi de plus d'une dizaine d'années, car sa mère était la plus âgée que la mienne, devient comme ton oncle dans la famille) mon père lui a répondu : « Oui, il ne va pas bien depuis plus de deux semaines », mon cousin lui a demandé : « Sa mère est au courant de sa maladie ?» Mon père a répondu «non !»

Un matin vers 11 heures, on m'a fait sortir pour prendre un peu l'air. Au pied de l'acajou, à ma surprise j'entendais quelqu'un demander : «où est Herme ? » Finalement il y avait mon cousin Jaime Afonso Cà, qui venait me rendre visite. Quand il m'a vu, il a vite compris qu'il y avait quelque chose qui n'allait pas du tout chez moi.

Donc il fallait aller chez ma mère pour lui expliquer ma vie et mon état de santé. Une mère reste une mère ! À son arrivée, quand elle m'a vu, je ne marchais pas de tout. Elle a vite compris qu'il fallait réagir. Elle a commencé à dire : « Si vous voulez de moi et de mon enfant c'est le moment de le lâcher, je suis sa mère, je suis vivante, nous sommes du clan sacré Djagra. Personne n'a le droit de faire du mal à mon fils, Dieu est grand, il voit les sorciers ».

J'ai pleuré, c'est là que les voisins ont commencé à demander : « C'est sa mère ? ». Elle me disait : « Tu restes vivant. Rien de mal ne va t'arriver ».

Pour mon père il fallait lui dire d'arrêter de dire ces mots, surtout sans preuve que quelqu'un me voulait du mal. Mais aussi il y avait une grand-mère (la mère d'Inès), infirmière et ancienne élève de l'école de formation des infirmiers où mon oncle José Napoléon dos Reis était directeur après l'indépendance.

Pour la mère d'Inès il fallait laisser ma mère exprimer sa douleur, comme n'importe quelque femme qui voit son enfant dans le même état que moi. Elle avait raison de parler et de faire savoir qu'elle tenait son enfant à cœur malgré la distance. Même pas deux jours plus tard, je me suis rétabli. En forme j'ai recommencé mes cours.

Exode 1996

C'est vrai qu'il n'est pas facile de répondre à la question, « Qu'est-ce qu'un enfant qui vit seul ? », car il existe plusieurs réponses, en fonction des pays, de leur culture et de leur situation économique et sociale.

L'enfant sous l'œil des gens, n'est pas du tout aperçu de la même façon d'une région à l'autre et, pour ma part, je considérais que je devenais adulte quand je quittais l'adolescence. Mais dans d'autres pays était-il pareil ?

En tant qu'adolescent, j'ai beaucoup souffert de l'absence de ma mère, raison pour laquelle je fuyais la maison de mon père pour me distraire un peu. Au moment où mon oncle était de passage à Bissau, il ne pouvait pas passer sans me voir et au moins savoir dans quelle situation je vivais. Je n'étais pas dans des mauvaises conditions, mais il me manquait l'amour maternel.

À partir du moment où tous mes demi-frères sont rentrés à Quinhamel (quartier plaque), je vivais seul avec mon père. On est resté, mes frères et sœurs, trois ans sans se voir ; ils étaient chez la grande mère à Catio (quartier Catchanga). Mon père refusait toujours que je quitte sa maison !

Au moment du retour de mon oncle Paulo à Catio, j'ai décidé de le retrouver à la gare routière pour la région de Tombali. Très tôt le matin j'ai quitté la maison pour aller à la gare ; il m'a demandé : « Herme tu veux aller avec nous ? » J'ai répondu : « Oui je pars avec vous Tonton ! J'ai envie de revoir mes frères, ça fait trois ans qu'on s'est pas vu ! »

Il était accompagné de son fils Rui, il me dit « rentre », il m'a pris mon sac, et c'est comme ça que je partis pour Catio. À mon arrivée mes frères et sœurs étaient contents et la femme de mon oncle qui ne m'avait pas vu depuis tout petit, (surtout avec les bêtises que je faisais au moment de la visite à ma grand-mère), disait aux gens de venir voir son « petit mari » qui vient d'arriver. La famille était dans la joie à Catio, par contre mon père souffrait de son côté à Bissau.

Papa demanda à mes amis de mes nouvelles jusqu'au soir. Il a compris que j'avais fui avec mon tonton. J'étais parti avec quelques habits, juste pour trois mois de vacances avec mes frères. J'avais oublié de partir avec mes papiers, mais comme en Afrique, surtout en Guinée Bissau, les papiers ne font pas d'effet, il suffit d'avoir la peau noire, on ne te demande pas les papiers. C'est comme ça que je passais mon temps là-bas, sans papier.

C'était l'été, dans le sud de la Guinée-Bissau, une région de forte pluie et d'agriculture. Je ne connaissais rien du tout en matière de culture de la terre, car dans les pays pauvres comme la Guinée-Bissau, l'économie repose essentiellement sur les récoltes et la pêche, ce sont les femmes qui effectuent les tâches agricoles.

La famille doit être grande et très importante pour que l'agriculture progresse. Je leur ai demandé de m'apprendre comment planter le riz, malgré leur moquerie. Ils disaient que je venais de la capitale et que je ne connaissais rien en agriculture ni en pêche traditionnelle faites par les hommes du village. Je le reconnaissais !

Au bout d'un mois que j'ai passé avec eux, j'ai commencé à apprendre l'agriculture et à monter sur les palmiers à la recherche des noix de palme, ce qui a étonné tout le monde. Ils posaient la question, comment est –il possible que quelqu'un qui vient d'arriver de la capitale, qui n'est même pas d'ici, arrive à faire les travaux que ceux qui sont nés et ont grandi ici n'arrivent pas à faire ?

Mais ils oubliaient, que le destin d'un homme appartient au Bon Dieu ! Pendant les deux mois je partais avec des amis, j'ai vu comment ils faisaient pour extraire le vin de palme, j'ai commencé à poser des questions, ils disaient même que si on m'expliquait je ne pouvais pas le faire ; comme je suis toujours têtu de nature, j'ai insisté jusqu'au moment où on me l'a montré.

Pour la première fois, pendant plus de dix jours rien n'a coulé dans la bouteille. Chaque matin je passais pour voir s'il y avait quelque chose de bon, mais rien ! La technique n'était pas bonne du tout ! Quand mon cousin Rui est passé pour voir mon travail il n'a rien trouvé, il m'a expliqué à nouveau toutes les techniques.

Quand je suis retourné au deuxième palmier ça a bien marché pour moi ! Sa méthode était plus efficace, j'ai réussi à sortir le vin de palme, les gens ont commencé à parler : « Herme arrive à faire sortir le vin de palme » Moi je disais : « Vous avez dit que les gens de la capitale sont des Blancs ! Ils ne savent rien, à part manger ce que les villageois ont produit. »

Pour moi, non, on ne peut pas vivre en même temps au village et à la capitale. Dans la vie ont ne peut pas tout connaître, mais le savoir n'a pas de limite, j'ai profité de mes vacances à Catio pour apprendre aussi à pêcher et à pratiquer la culture du riz.

Quand mon temps fut terminé, ma grande mère m'a donné l'argent du transport pour rentrer chez mon père. Je suis arrivé à Bissau le soir, papa n'était pas à la maison ; j'ai trouvé mon demi frère Wilson et Ilodia, on a commencé s'amuser. À un certain moment, mon père est arrivé sans nous saluer, j'ai vite compris, qu'il n'était pas du tout content.

Je suis resté tranquille, seul avec moi-même. Je n'avais pas la capacité de me défendre, et le respect d'un fils envers son père est très important. Je suis resté dans mon coin sans bouger. Quand il est sorti, il m'a jeté les papiers en me disant : « Tiens, maintenant tu es assez grand pour prendre soin de toi ! Tu ne me respectes pas, tu prends les décisions sans me dire, mais je suis ton père pour toujours. »

Mais aussi j'étais fier de ce que j'avais fait, car le Bon Dieu seul sait la raison pour laquelle je devais fuir pour me retrouver en forme, rentrer chez moi pour affronter les défis de mon destin, car l'homme même s'il est petit, doit savoir choisir son chemin surtout dans notre continent africain.

Refuge 1998

La Guinée-Bissau est un pays d'Afrique
de l'Ouest, donnant sur l'Océan
Atlantique qui a connu onze ans de
guerre d'Indépendance. Pour nous, les
enfants nés après l'indépendance, on
était innocent en ce qui concerne les
valeurs de la guerre c'est pour cela
qu'on disait : « il faut qu'il y ait la guerre
entre nous, pour avoir le respect de la
souveraineté pour laquelle les
combattants ont fait la guerre ».

Mais on ne savait pas que le pire était
devant nous. Quand le sept juin 1998
est arrivé, les enfants innocents n'y
comprenaient rien. Pour moi ce n'était
rien, ou bien un essai militaire. Deux
jours après, les tirs intensifs
continuaient. J'étais avec mon père et
mon cousin Pansau. Vers midi, je ne
comprenais pas que des gens fuyaient la
guerre.

Mon père me disait : « Herme si tu veux partir tu peux prendre tes bagages et rentrer au village » ! Je disais : « Non, Papa ça va passer, ce sont des hommes peureux qui fuient avec les femmes » ! Mon père s'est moqué de moi, il m'a dit : « Mon fils tu es innocent, tu ne sais pas ce qu'est la guerre » !

Même pas une heure après, l'obus est passé près de la maison et est tombé à 400 m de notre résidence, faisant des morts et des blessés. Mon père répétait encore : « Herme si tu veux rentrer au village, tu peux partir avec ton cousin ». J'ai vite compris que ceux qui fuyaient avec les femmes avaient raison. En plus, le bruit des canons dépassait ce que je pouvais supporter. Il fallait que j'abandonne la capitale pour me rendre au village.

Mon cousin Pansau m'a dit : «Herme prépare toi, on part ensemble» ! J'ai pris une seule paire de chaussure et un pantalon et on a commencé à marcher vers Péfini des Sables. A notre arrivé à

Péfini, c'était déjà la nuit on ne pouvait pas être transporté en pirogue vers Ilondé. Il y avait une femme que connaissait Paulino, l'un de nos camarades. Elle nous à préparé la nourriture et nous adonné une chambre pour passer la nuit.

Le matin très tôt, elle a appelé les jeunes pêcheurs pour nous transporter vers Ilondé. On a continué à marcher. Comme la Guinée-Bissau est un pays d'accueil et la population solidaire, les villageois donnent le refuge sur la route, de quoi manger, les mangues, l'eau, les cajous etc.

J'ai marché jusqu'au village, sans porter mes habits, j'ai compris que c'est la nouvelle vie qui commençait pour moi. L'homme doit toujours être prêt pour une nouvelle vie, tout ce qui est difficile, marque la vie pour l'éternité !

J'ai commencé à regarder les gens du village et voir leur comportement avec les refugiés. C'est ainsi que j'ai décidé avec des amis de pratiquer la pêche artisanale. Notre objectif était de pêcher pour aider les femmes et vendre les restes au voisinage.

Un jour vers 22 heures, on partait pour la pêche avec mon collègue Walter qui jouait le rôle de maître pêcheur, car il avait passé plus de temps au village que moi. Je guidais la pirogue selon ses ordres pour poser les filets. Mais à un certain moment ça n'a pas bien marché. On commençait à se disputer et on a mis fin à notre activité de pêche.

Une vie nouvelle commençait pour nous. Comme j'avais l'habitude de tout faire dans ma vie, j'ai dit à mon demi frère : « Wilson, on ne peut pas rester comme ça, sans rien faire pour les femmes, il faut qu'on trouve quelque chose à faire ». Au moment de la guerre ce sont les femmes qui préparent les repas, en plus elles font la culture des légumes pour nourrir le foyer et des fois, la pêche artisanale.

Il m'a dit : « Oui, on va essayer de rechercher les noix de palme ». La première fois c'était difficile pour nous. Après plus d'une semaine de travail, je proposais d'extraire le vin de palme, malgré la moquerie des gens du village. Ils disaient que je venais de la capitale et que je ne connaissais rien en agriculture ni en pêche traditionnelle. Je le reconnaissais devant eux, mais j'avais gardé les secrets de mon exode à Catio.

Au bout d'une semaine passée avec eux à nettoyer les palmiers, ils ont compris que même si j'étais de la capitale, je pouvais faire quelque chose. L'homme africain doit éviter de sous-estimer la personne sans preuve ! J'ai apporté des noix de palme et du vin de palme, ce qui a étonné tout le monde. Ils posaient la même question que j'avais entendue, deux ans avant à l'autre extrémité du pays : « Comment est –il possible que quelqu'un qui vient d'arriver de la capitale, qui n'est même pas d'ici, arrive à faire les travaux que ceux qui sont nés et ont grandi ici n'arrivent pas à faire ?»

C'est alors que Maman Irène leur a fait comprend que j'avais passé quelques mois au sud du pays ! Après quelque temps les militaires ont cessé le feu.

J'ai commencé à me préparer pour rentrer à Bissau pour continuer mes études. Je partais pour la dernière fois dire au revoir aux palmiers. Je suis monté pour faire sortir mes bouteilles ; en descendant, la corde s'est coupée... Je me suis vite rattrapé au palmier. Mais j'ai cogné la poitrine sur le palmier, ça m'a provoqué des blessures aux pieds et la poitrine était en sang. J'ai dû retarder mon départ à Bissau, pour me bien soigner. Pour moi c'était le destin du Bon Dieu. Mes amis venaient me rendre visite car je ne pouvais marcher, les muscles bloqués à cause des blessures.

Comme j'ai un bon corps, je me suis guéri en un peu plus de deux semaines. J'ai pris mes bagages pour partir du village et retrouver mon père à Bissau. J'ai repris les cours normalement. Malgré l'endroit isolé je faisais les va et vient entre chez mon père et chez ma mère. Mais le pire m'attendait.

CIFAP

Ce 7 mai 1999, je sortais de mon école pour aller rendre visiter à ma mère. J'avais l'habitude de faire un tour chez mon cousin Jaime, qui avait été très proche de moi pendant tous ces moments difficiles de la guerre. Arrivé chez lui vers seize heures, on a commencé à causer. Même pas trente minutes plus tard j'ai entendu les tirs d'obus.

Jaime m'a dit : « Herme il faut rentrer chez ton père, peut être il a commencé à te chercher ». J'ai couru jusqu'à mon quartier. Vers la zone sept, j'ai trouvé un monsieur qui était avec son verre de vin et une bouteille de cajou. Il était parti se cacher dans un caniveau d'écoulement des eaux. Je lui ai dit : « Monsieur les gens se préparent à quitter la ville et vous restez caché dans le caniveau d'écoulement des eaux ?» Il répondu : « Je suis fatigué de fuir la guerre, je ne quitte plus la ville ».

Arrivé à la maison, mon cousin Pansau m'attendait pour m'amener au CIFAP (un centre de formation qui appartient à l'Église), car moi, je ne m'étais jamais réfugié chez les prêtres. Arrivé là, je me suis installé dans le camion devant, à la place du conducteur. J'ai passé toute la nuit tranquille, au matin je suis parti à la recherche d'une bougie, qui nous servait à prier ou à nous éclairer quand l'électricité était coupée.

Alors que j'étais parti pour acheter les bougies, les militaires ont dirigé les tirs vers le camp de refugiés du CIFAP où l'obus est tombé. Par chance un mur me séparait de la place où l'obus était tombé. Je me suis allongé par terre, Pansau me recherchait partout. J'ai eu l'idée de rentrer pour le retrouver, mais je me suis dit qu'il valait mieux attendre, car peut être il y aurait une deuxième frappe. J'avais raison !

Quand le deuxième obus est tombé, il a fait plus de mille morts et des blessés, j'ai commencé à courir vers les arbres d'acajou. Je suis resté assis au pied d'un grand arbre. Il y avait des gens qui pleuraient. Mais pour moi, tout ce qui me dépasse me fait me concentrer pour trouver une solution. Mon cousin Pansau s'est échappé et a sauté le grillage métallique, pour rentrer à Cumura un autre lieu de refuge à trente kilomètres de la capitale.

Arrivé à Cumura, il ne m'a pas trouvé, il a commencé à me chercher, car il n'avait pas pu s'échapper avec mes habits, seulement avec un pagne traditionnel, qui finit par être troué de partout.

De mon côté j'ai commencé à courir sur les collines, mon idée était de rester sur de la terre, si l'obus tombait, les éclats des projectiles ne pouvaient pas me toucher.

Arrivé dans un endroit où il faisait très chaud, une dame a fait sortir une tente de camouflage (couleur militaire) pour se protéger du soleil. Elle ne savait pas qu'elle nous mettait en danger. Par chance je l'ai remarqué, j'ai crié d'enlever ça, vite. Quelques hommes ont commencé à me soutenir, elle l'a finalement enlevée.

J'ai continué mon parcours pour me refugier à Cumura, chez la cousine de ma grande mère maternelle. Au passage d'une rivière, il y avait des gens qui fuyaient avec leurs bagages et des animaux. J'étais accompagné de mon ami Beto. Je lui ai dit « Suis-moi fais tout ce que je fais ». En traversant il était à côté de moi, une dame a dit : « Mon fils aide-moi pour sortir d'ici » j'ai commencé à la porter jusqu'à la faire sortir de l'eau.

Par gentillesse, elle a sorti un canard en me disant : « Prends mon fils c'est pour toi ». J'ai dit : « Non », elle m'a dit : « C'est un cadeau pour toi, j'ai trop de bagages, donc pars avec, je suis déjà fatiguée » ! J'ai pris le canard et suis rentré avec à Cumura. Arrivé là-bas, mon ami Beto voulait partir chez son cousin Clesio Armando Miranda, qui était aussi refugié avec sa famille. J'ai refusé de le laisser partir, car il était comme une famille pour moi, il fallait qu'on passe la nuit chez la cousine de la grande mère, avant de rentrer ensemble à Bissau.

La cousine de la grand-mère voulait que je lui laisser le canard ! Je n'ai pas accepté parce que je l'avais reçu quand j'étais accompagné de mon ami. Il fallait faire un geste pour lui. Une fois rentré à Bissau, je lui ai dit : « Tu le vends ! Car je n'ai jamais mangé le canard », il l'a vendu cinq mille francs CFA. Après on a partagé l'argent pour organiser notre rendez-vous du samedi. Mais je l'avais fais en reconnaissance de notre amitié et du sacrifice passé ensemble, raison pour laquelle j'ai refusé de le laisser la cousine de la grande mère.

Ma vie politique

Après l'indépendance de la Guinée Bissau, presque la majorité des Bissau Guinéens étaient du parti unique P.A.I.G.C., raison pour laquelle, nous les enfants nés pendant années quatre vingts, étions obligés de suivre ce parti et de devenir des pionniers de l'idéologie d'Amilcar Lopes Cabral.

Après le conflit de 1998, les jeunes pouvaient aussi suivre un autre chemin politique. En 2000, alors qu'il me restait quelques mois pour compléter mes 18 ans, je n'avais pas droit au recensement, mais je suivais des candidats indépendants, je pouvais participer à des réunions politiques sans accès au droit de vote.

En Guinée Bissau, gagner les élections n'est pas du tout facile, surtout pour quelqu'un qui n'a jamais vécu en

Guinée. Pour ses électeurs le candidat ne connaissait pas la réalité du pays, ce qui nous avait relégués à la quatrième place, nous avait tous choqués, mais les gens étaient pleins d'espoir pour l'avenir d'un rassemblement populaire des Guinéens.

En fin de compte les dirigeants ont opté pour la création d'un parti politique, appelé P.P.G. « Parti Populaire Guinéen » avec João Tatis Sà, comme président et Paulino Empossa Ié, comme Secrétaire Général. Quelques jeunes actifs ont pris des responsabilités et après quelques années je devins responsable de la culture et des sports.

Notre parti était solide avec une union entre nous les jeunes. Lors de notre visite à l'île de Bissau, notre rencontre avec les habitants a été plutôt favorable. Nous étions simples avec les dames à la cuisine, nous leur apportions de l'eau et le bois sec d'acajou. J'ai partagé avec les gens au sujet de leurs responsabilités avant notre réunion, à la fin nous avons organisé un match de foot en signe d'amitié.

Cette fonction qui m'était accordée malgré mon jeune âge était une forme de reconnaissance envers moi, mais aussi la conséquence de mon dynamisme dans les rencontres politiques pour la démocratie. En ce temps-là, le pays traversait des moments difficiles, avec un record énorme, depuis le début de l'histoire de la Guinée, pour le changement fréquent des ministres.

Les militaires détenaient tous les moyens pour renverser quelque parti politique qui était au pouvoir. Ce qui a provoqué le coup d'état contre le régime. Il fallait donc que certains partis, surtout les partis en phase de croissance, fassent alliance pour la législature. Nous avions besoin de quelques fauteuils au parlement pour faire entendre nos voix.

Il nous fallait faire alliance avec un parti noble, sans aucune implication dans des sales affaires du pays ou autre corruption et aussi avec un leader excellent. Le bureau a décidé de faire une coalition avec un seul nom : Aliança Popular Unida« APU», dirigé alors par Fernando Gomes.

Conférence National de la Jeunesse pour la Culture et la Paix

Les jeunes des différentes régions de Guinée, étaient tous regroupés à Bissau pour parler de la paix. Les partis politiques étaient représentés par les responsables de la culture et des sports et les secrétaires généraux pour la jeunesse, car la jeunesse est la force majeure de la démocratie d'un pays.

Après l'intervention des orateurs de la conférence, j'ai pris la parole comme représentant de la coalition « APU» en disant que : « la Guinée ne peut pas avoir la paix, tant qu'il y a la guerre froide, mais nous, la jeunesse, sommes responsables de la corruption et certains de nous sont déjà corrompus par leur dirigeants non patriotes ».

Cela a choqué certains jeunes, qui me disaient : « C'est vous les hommes politiques qui ont plongé le pays dans cette situation ; tu as osé encore parler de la guerre, mais il n'y aura pas la guerre ». Il fallait que l'un des orateurs reprenne encore la parole pour leur dire : « Votre ami Herme, parle de la guerre froide, pas de la guerre des armes, ce qui veut dire la discrimination sociale au lieu du travail, la torture pratiquée par les hommes politiques et le manque de compassion pour la population ».

À la sortie de la salle, certains sont passés pour me saluer en me disant « Ton discours était simple, juste et figuré ». Les gens avaient oublié que nous avions tous souffert ensemble, subi l'insécurité, qui avait coûté la vie de certains compatriotes, des mauvais souvenirs à oublier.

Après avoir quitté la conférence de la jeunesse, quelques temps après l'ouverture de la campagne électorale, j'étais encore envoyé pour accompagner le président de la coalition Fernando Gomes et quelques jeunes.

Arrivés à Bubaque le soir, nous étions séparés dans deux hôtels pour deux nuits.

Le matin nous nous sommes rendus à Timbatu, un village de Bubaque avec l'objectif de convaincre la population de voter pour notre candidat à la députation. Après être retournés au centre de Bubaque, c'était la foule qui est venue nous voir et surtout entendre le discours d'un jeune garçon de 22 ans.

Le soir les responsables avaient oublié de commander les repas pour les jeunes. Au moment où nous étions à la discothèque pour vivre l'ambiance du bord de la mer, un camarade est venu me dire, « Herme on nous a pas fait la commande de la nourriture ». Je répondis « Ok : Je vais voir le président pour lui exposer notre problème ».

À l'hôtel, le président aussi n'avait pas mangé, bien que l'une des partisanes lui avait apporté de la nourriture. Quand il m'a vu il m'a demandé : « Herme vous avez mangé ? » Je dis : « Non, c'est la raison pour laquelle je suis ici ». Alors, il a refusé de manger le plat qu'on lui offrait, en justifiant « C'est vous la force de la démocratie, vous devez vous sentir bien traités. » Le lendemain, il m'a prévenu : « Herme il faut prévoir des boissons, car on doit rejoindre nos militants à Djiu de Galinha (Île du Poulet).

Là-bas, avant la fin de son discours, un petit enfant s'était fait couper le doigt. Finalement, notre leader a décidé d'abandonner la campagne plus tôt pour sauver la vie du petit garçon. Il arrêta son discours avant la fin pour ramener le petit à l'hôpital de Bissau car il n'y avait pas de transport maritime, à part notre pirogue.

Arrivée au milieu de la mer, notre pirogue était bloquée sur un banc de sable, il fallait que je descende avec deux des mes camarades pour la pousser. Finalement nous avons réussir à la faire sortir.

À Bissau, avec tout ce qui s'était passé à Bubaque, nous avons compris qu'il y avait un manque de considération, pas de la part du président de la coalition, mais de la part des dirigeants du PPG, ce qui nous avait démoralisés, jusqu'au point d'affaiblir notre formation politique, qui était bien placée auparavant.

Nous avions en tête qu'un jour, nous pourrions nous présenter à l'élection présidentielle de 2005 avec le PPG, un parti que nous aimions du fond de cœur. Finalement la justice ne nous a pas donné le droit de nous présenter avec le même parti, raison pour laquelle on s'est présenté avec notre candidat indépendant ; ça nous a donné le courage de créer une nouvelle formation politique.

On savait que ça allait être difficile pour nous, mais c'était la façon de faire connaître notre nouveau leader, avant de passer à la création d'une nouvelle formation politique nommée « Centre Démocratique ».

Centre Démocratique

La création d'une nouvelle formation politique, était pour nous une expérience politique : Ce qui a motivé la majorité des jeunes à se battre pour la fondation du CD, c'était de se sentir beaucoup plus respectés dans la scène politique, mais aussi pour répondre aux gens qui nous disaient : « Formez votre propre parti au lieu d'usurper le pouvoir ».

Quand le CD a été déclaré légal par justice comme formation politique, avec comme leader Paulino Impossa Ié, il m'a nommé comme premier Secrétaire Général de la jeunesse, parmi les jeunes membres fondateurs de ce parti, dont la majorité reconnaissait mon influence et l'énergie que j'avais fournie pour la légalisation du parti.

Dans ces événements le groupe Kansaré était derrière moi pour me soutenir, car c'était un groupe de jeunes que j'avais formé, pour éviter la délinquance juvénile. Cela n'avait rien avoir avec ma vie politique, mais j'avais pris Paulino Impossa Ié comme parrain et Chanda Rudrigues comme marraine.

Bien que ces personnes soient du même parti que moi, le groupe Kansaré pouvait participer librement dans n'importe quelles autres activités politiques. Mais comme un fils ne peut pas voir son père combattre, surtout pour le bien de la maison, sans donner un coup de main, le groupe était toujours présent dans nos activités politiques.

Un jour, un monsieur venait me demander. La secrétaire lui avait dit : « Voilà, Herme est devant vous », il a répondu : « Non, pour moi c'est quelqu'un de plus âgé, celui-ci est encore trop jeune pour cette responsabilité ».

J'étais modeste dans toutes les fonctions qu'on m'a attribuées. Pour cette raison peu de gens savaient que c'était moi le secrétaire de la jeunesse ; le jour de l'inauguration du nouveau parti CD, les organisateurs ont donc lancé la question pour voir si le public avait vraiment reconnu le secrétaire de la jeunesse. Finalement certains m'ont reconnu.

C'était une responsabilité qui m'a beaucoup marqué jusqu'à présent, en plus de l'honneur de l'avoir partagée avec des cadres supérieurs. Mais ma petite expérience dans la vie politique m'a fait savoir que la démocratie en Afrique est en phase de croissance et que la jeunesse est aussi l'instrument des hommes politiques pour arriver à leur objectif. Après y être arrivés, la jeunesse se transforme pour eux en ennemis.

Mais, si je dis que l'Afrique n'était pas prête pour l'instauration de la démocratie dans les années 1990, quand sera-t-elle prête ? Car nous sommes au XXIe siècle où on doit dépasser le stade de la répression et l'assassinat des hommes politiques.

Un jour la démocratie sera crédible et respectée, mais cela quand le taux d'analphabétisme diminuera et quand les villageois prendront conscience que la démocratie ne regarde pas la couleur de la peau, la beauté la race ou l'ethnie.

La démocratie c'est savoir choisir le bon projet, pour défendre l'intégrité nationale, le droit de libre expression et se sentir en sécurité dans son propre pays où le peuple est souverain.

Le petit professionnel

En 2003, quand Joaquin Mendes Pereira m'a fait appeler, pour assurer le secrétariat à l'école Sao Francisco Xavier, il y avait Celestino Pereira Baptista, comme responsable et Fatima Cà da Costa comme gérante et en même temps propriétaire.

Comme j'aime tout savoir, je regardais les bulletins de paie pour savoir comment les enseignants étaient payés, mais la tantine Fatima était contre ces investigations. Une fois, j'ai payé les enseignants sans son autorisation et elle n'était pas contente. Elle appréciait énormément mon travail, mais je devais obéir à ses instructions comme à ma responsable.

C'est alors que Tonton Celestino Pereira Baptista m'a donné le conseil d'aller apprendre la comptabilité pour assurer mon avenir, au lieu de rester tout le temps à être critiqué pour avoir payé les enseignants sans la consulter alors que c'était leur droit d'être payés à temps.

Mon empathie pour les enseignants et les étudiants faisait que j'étais vraiment aimé par les professeurs et les parents d'élèves ; aussi, en plus de récolter l'argent des étudiants, j'avais, en cas d'absence d'un enseignant, la capacité de faire cours à sa place ; il me suffisait d'avoir son programme. Je veillais aussi sur l'activité de chaque enseignant et la bonne assimilation des élèves qui pourrait un jour servir notre chère et aimée Guinée-Bissau.

Mais en réalité, le bon conseil pour moi, était de Tonton Celestino qui me disait : « 21 ans, tu es encore jeune, il faut faire une formation pour garantir ton avenir », jusqu'au point de m'accompagner au ministère pour demander une bourse d'étude... que je n'ai jamais eue ! La Guinée-Bissau ne donne pas les mêmes possibilités que les autres pays.

Avec la fermeture de Sao Francisco Xavier, Fatima Cà m'a appelé pour réorganiser sa deuxième école, « École professeur Dr Cavaco Silva ». Arrivé là-bas, j'étais en marge d'une équipe bien soudée et très discrète. Je suis donc innocent dans l'affaire du détournement d'argent de cette école.

La tantine Fatima avait confiance en cette équipe, et écoutait le mal qu'ils disaient de moi. « Herme, est toujours calme, mais malgré ses grands yeux sur la tête, il ne maîtrise rien » !

Mais quand la comptabilité a commencé à poser des problèmes entre eux, la tantine a reconnu :

- « Finalement c'est toi le plus organisé et le plus sérieux ».
- « Ton équipe détournait l'argent de ton école, et moi j'étais toujours payé par le mal, alors que tout ce que je faisais, c'était de protéger certains étudiants dont les parents vivaient à l'étranger ou étaient des fonctionnaires

publics avec, des fois, des retards de paie.

Il me fallait tout organiser et lui remettre le bilan des opérations faites par moi, pour qu'elle puisse comprendre que j'étais honnête dans mon travail. Il n'y avait rien qui puisse conduire au détournement de son argent.

Avec toutes ces histoires, j'étais vraiment perturbé au point de quitter mon travail, afin de garder une image propre malgré des manigances, qui pourraient un jour affecter mon avenir.

Mais le Seigneur nous réserve beaucoup de surprises : Tonton Celestino a finalement décidé de me chercher une place à L'O.N.G. NIMBA, pour gagner du temps, en attendant que je puisse trouver une bourse d'étude.

L'adaptation n'était pas facile parce que je n'étais pas payé, mais L'O.N.G. NIMBA était en phase de croissance, surtout dans le domaine de la micro-finance que j'ai beaucoup aimé, au point de devenir secrétaire du conseil fiscal pour la caisse d'épargne de L'O.N.G. NIMBA.

Comme je me donnais à fond pour cette organisation, le secrétariat technique national de lutte contre le sida (S.T.N.L.S) a décidé de lancer des partenariats avec des O.N.G. pour la sensibilisation concernant le Sida. L'O.N.G. NIMBA m'a proposé d'assister à la formation pour l'élaboration du projet d'activités selon les zones d'intervention de notre organisation.

J'étais accompagné de quelques amis et la formation s'est passée avec succès car j'étais vraiment apprécié par le formateur. Mon coordinateur Jibril Seide a décidé de m'envoyer pour une deuxième formation des formateurs pour l'animation et sensibilisation sur le HIV/sida.

Mais une autre O.N.G. m'appelait pour faire du marketing : la caisse d'épargne Misericordia.

Caisse d'épargne Misericordia

Arrivé à la caisse d'épargne Misericordia, il fallait tout commencer à zéro pour faire connaître la caisse d'épargne et ses avantages pour la population. Quand on a commencé on était deux : Antonio Oliveira Martins, était comme gérant et moi chargé du marketing. Notre bureau se trouvait à ce moment-la à la plateforme des ONG.

Au moment où les gens ont commencé à s'inscrire en masse, le gérant m'a demandé de chercher une secrétaire, j'ai fait appel à Lucette Fernandes. Il y avait nécessité de voyager vers certaines régions du pays pour faire de la communication avec la population : j'ai parcouru tout le nord et l'est du pays jusqu'à Pirada frontière avec la Guinée et le Sénégal.

J'avais une vision en matière de Micro-finance où je disais :

- Antonio Oliveira il faut faire très attention en ce qui concerne l'attribution de crédit. On doit éviter les risques en micro finance, surtout parce qu'on travaille avec l'argent de l'épargne.

Il me répondait :

- Herme ce n'est pas à toi de me donner des conseils, c'est moi le gérant de cette organisation !

Pour lui je ne devais pas le conseiller, car il était le gérant, en plus un cadre formé en droit.

En réalité quand je vois la vérité, il faut que je parle pour résoudre le problème. C'est ce qui fait qu'on me voit mal quelques fois.

J'ai continué à faire mon travail, au nord du pays à Caio, un secteur que je n'avais jamais visité.

Puis je me suis rendu à Plundo une petite commune de la région de Cacheu, où je ne connaissais personne sauf mon ami proche Gaudencio « Afoi » et quelques autres originaires de Plundo, qu'il fallait appeler à Bissau, pour trouver comment je pouvais être logé et regrouper les habitants.

Mon l'objectif était de connaître un jeune influent du village pour regrouper les habitants, c'est ainsi que j'ai contacté Inussa, professeur à Plundo qui était aussi populaire que respecté.

Nous devînmes amis, même en dehors de notre cadre de travail. Il me faisait visiter leur discothèque et faire connaissance avec certains habitants.

De mon côté, je préparais tout mon travail pour retrouver le roi et certaines hautes personnalités de Plundo.

Comme le travail de Caio et Plundo donnait de bons résultats, Antonio Oliveira m'envoya encore à Ingoré, pour établir les contacts avec des associations locales comme UPAI, car les habitants de Ingoré réclamaient l'installation d'une caisse d'épargne Misericordia.

Arrivé à Ingoré j'ai pris contact avec Bilo, le gouverneur. Il m'a fait faire connaissance avec des gros commerçants, entre autres le député du PRS et Chaquibo Jaidan. Il fallait aussi passer par la radio communautaire pour regrouper les habitants et les informer sur la caisse d'épargne.

Quand le moment fut arrivé de me présenter je me suis cantonné dans mon rôle d'intermédiaire en précisant que je n'étais pas le gérant, mais l'homme de marketing, seulement responsable de faire connaître et de mettre en valeur la caisse d'épargne avec ses objectifs : collecter les fonds, distribuer des crédits et gérer des moyens de payements.

En fait c'était très mal géré et j'étais mal vu quand je disais de ne pas prendre de risques en distribuant des crédits en désordre.

Quand le gérant de la caisse d'épargne de Canchungo est décédé dans un accident de moto, lors d'une visite à Cacheu, je travaillais à la caisse centrale du quartier Pluba à Bissau.

Y arriva Antonio, tout triste, en nous disant d'arrêter de travailler car il y avait un décès :

- J'ai répondu, monsieur qui est mort ?
- C'est monsieur Épifanio.

J'ai vite compris qu'il n'y avait personne qui pouvait le remplacer à part moi !

J'ai pris mon sac et suis rentré à la maison sans rien dire. Comme j'avais une amie intime Lucette Fernandes qui avait un dynamisme incroyable et que je connaissais depuis 2000, au sein de parti P.P.G. au moment où j'étais responsable de la culture et du sport, je lui ai dit que le gérant me proposerait pour remplacer Épifanio, mais que je n'accepterais pas !

En réalité je ne devais pas accepter, même si c'était dans le cadre du travail. Je ne savais pas quels étaient les problèmes qu'il laissait à régler, en plus j'étais trop jeune pour affronter certaines catégories de gens en matière d'argent. Je visais d'avoir une bourse d'étude pour devenir un jour cadre de mon pays.

Quand nous sommes partis à la maison du défunt, j'ai proposé de louer un mini bus pour l'enterrement, en plus de l'aide apportée à la famille, c'est un droit ! Comme il y avait l'ex- premier Ministre Mario Pires et Benvindo Fernandes, il m'a dit vraiment tu as raison.

Deux jours après, il m'a fait une lettre d'affectation pour remplacer monsieur Épifanio à Canchungo, j'ai refusé d'y aller. Il a décidé de me faire une cassation de service, parce que j'avais refusé d'obéir à ses ordres. Donc j'étais suspendu pour travailler avec lui, mais il avait oublié qu'il m'avait fait passer le concours pour enseigner la procédure de micro finance !

J'ai quitté le boulot. Deux semaines après, les gens qui étaient proches de moi ont commencé aussi à le quitter : les hommes influents ne se touchent pas ! Au moment où les clients venaient des différentes régions pour me voir, ils n'arrivaient pas à me trouver, ils ont donc vite compris que quelque chose se passait dans la caisse d'épargne.

Pour Antonio, il fallait me réintégrer. Pour récupérer le temps perdu, c'était déjà tard. Il m'appela pour reprendre mon travail. Je refusais. Il fallait que l'ex - premier ministre intervienne pour que je reprenne mon rôle à la caisse d'épargne. Mais cela a fait que les gens étaient informés de la mauvaise gestion.

Lors de notre réunion avant la reprise du travail de certains personnels, il me fallait montrer la réalité :

- Je n'étais pas venu chercher du travail avec toi, mais tu m'avais trouvé intéressant et responsable pour apporter un plus à l'organisation. Nous avons souffert des fois sans manger jusqu'à 16 heures, c'est de l'ingratitude de votre part.

À ce moment-la j'étais en contact avec mon oncle Armando Silva au ministère de la pêche, et il me disait :

- Tu es encore jeune mon fils pour prendre la responsabilité d'une caisse dont l'ancien gérant est mort. Reste en contact avec moi, parmi mes neveux je ne sais pas qui pourrait me servir demain.

Deux mois après il m'a dit :

- Envoie-moi ton dossier pour une formation à PRODEPA (projet de

développement de la pêche Artisanale)
à Bolama, pour faire « Art et
technologie de la pêche » et « Hygiène
et sécurité maritime ».

PRODEPA

À Prodepa au mois de novembre 2006, nous étions plus de 24 personnes pour la formation à l'art et à la technologie de la pêche, l'hygiène et la sécurité maritime, organisée par la ministère de la pêche dans son projet d'appui à ce secteur.

Arrivés là-bas en fin d'après midi, on nous a fait bon accueil et demandé d'élire un délégué qui pourrait aider à régler les problèmes des participants. Nous nous sommes regroupés le soir même pour choisir un délégué et son adjoint.

On a choisi l'homme le plus âgé du groupe, à cause de son expérience de la pêche industrielle en haute mer, il aurait l'avantage de pouvoir réclamer pour le groupe en cas de manque de matériel d'apprentissage.

En réalité, l'homme n'était pas prêt à prendre la responsabilité de délégué et finalement il a décidé de me confier ce rôle, en justifiant : « Herme, je compte sur toi comme délégué de l'équipe, car c'est toi qui a tout fait pour avoir un responsable ; en plus tu as des capacités de créativité et de négociation dont pourrons bénéficier tes collègues. »

il me fallait accepter, parce que nous les jeunes on a certains besoins que n'ont pas les vieux, entre autre la liberté de sortir la nuit... Je connaissais aussi le responsable de notre formation depuis le partenariat entre l'O.N.G. NIMBA et le ministère de la pêche.

Quand la mauvaise gestion nous a fait manquer de détergents, j'ai décidé de faire une grève générale en soulignant aussi certains points comme le manque de nouveaux filets de pêche. En tant que responsable, je ne pouvais pas accepter les mauvais traitements envers nous. Mon rôle était de veiller sur mes amis et de présenter des revendication pour faciliter notre formation et tout ce qu'il fallait pour la réussite de notre carrière.

Quand notre équipe a commencé la revendication et tant qu'on n'avait pas fait face à nos dirigeants autour de la table de négociation, on ne devait pas reprendre les cours. Nous avons décidé de faire la grève de la faim, et nous nous sommes mis d'accord pour que personne ne négocie avec les responsables hors de la présence du délégué.

Le jour des négociations avec le responsable adjoint, il voulait faire parler les amis avant mon arrivée (j'étais dans ma chambre en train de noter les points importants à discuter)... Ils ont refusé de parler en disant : « Notre responsable c'est Herme. C'est lui qui parle en notre nom ». Quand je suis arrivé, les gens ont commencé à crier nous sommes fiers de toi ! C'est là que le responsable a répondu : « Herme tu es plus qu'un délégué, on te respecte comme un président ; tes amis ont refusé de témoigner sans ta présence, ce qui montre que tu es un responsable solide. »

J'ai proposé quelques points plus intéressants pour notre stage : les nouveaux filets et les accessoires de pêche pour améliorer la qualité de l'apprentissage, celle de la restauration, et des conditions d'hygiène.

À la suite de notre réunion, le responsable a été conciliant avec nous et il m'a dit : « Herme tu as raison de proposer tous ces points ; ça va nous aider à améliorer la qualité de votre formation et de votre séjour ». Le même jour je lui ai proposé de visiter notre résidence pour lui confirmer le bien-fondé de nos demandes.

Il a fait le maximum, même si tout n'était pas satisfaisant pour nous. Mais nous avions évité le pire nous avons pu faire de la pratique à la mer avec notre maître de pêche Julio Silva.

Pratique à la mer

Quand nous sommes partis pour la première fois à la mer pour faire de la pratique, il y avait parmi nous ceux qui avaient déjà fait la pêche en haute mer, qui avaient l'expérience et savaient comment se tenir pour lancer les filets sans vomir.

En réalité nous les nouveaux, on a pu tenir jusqu'au bout. Mais certains anciens n'ont pas pu tenir, parmi eux certains ont vomi. Cela démontre la forte volonté d'apprentissage des nouveaux.

Au lieu de formation, les cuisiniers, pensaient que nous aurions pêché beaucoup de poisson. Mais nous n'avions pu pêcher que quelques dizaines de kilos qui ont servi aux femmes à nous préparer à manger.

Elles étaient obligées d'être contentes car c'était la première de notre pratique à la mer. Notre idée était de pêcher beaucoup pour vendre et avoir de quoi mettre dans la poche pour assurer notre week-end, surtout notre rendez-vous au grand arbre du pont de Bolama, où tout le monde se regroupe pour boire le vin de palme.

Même si j'ai raté les cours certaines fois, je savais comment les rattraper, car les formateurs m'aimaient beaucoup ainsi que mon ami Paulo Imbali.

Le seul défaut que j'avais à ce moment-la c'était de discuter avec les filles, mais en dehors de mon travail. Je pouvais passer du temps avec elles dans leur maison jusqu'à minuit. Mais comme l'heure de fermeture de la porte était fixée à vingt deux heures, les gardiens interdisaient aux filles de me visiter à la résidence.

Un jour deux filles sont venues me rendre visite le soir, au moment j'étais en cours ; mon portable sonnait ! J'ai demandé la permission de sortir, on me l'a accordée. Le gardien leur posait des questions : « Vous cherchez qui ? » J'étais déjà arrivé à la porte, il m'a dit : «Hé hé mon fils c'est encore toi, non, tu ne vas pas sortir d'ici ; chaque fois les gens viennent seulement pour te demander. C'est trop, rentre ! » Finalement il a réussi à les renvoyer. Les filles sont rentrées chez elles en colère.

Parce que j'étais simple dans la société, j'étais aimé non seulement des jeunes filles mais : même à la cuisine il y avait Joia qui me traitait comme son fils. Les formateurs m'invitaient dans leur résidence pour dîner avec eux. À partir de cette date les filles ont arrêté de passer à la résidence pour me demander. Par fois elles passaient à la cuisine pour me chercher.

Le premier jour de la pratique de la natation, nous nous sommes retrouvés au port de pêche de Prodepa. Parmi nous ils y avaient ceux qui, comme moi, savaient déjà nager et ceux que n'avaient jamais nagé, c'était leur premier contact avec l'eau.

Les formateurs avaient fixé la distance qu'on devait parcourir. Nous avions commencé notre natation de résistance. Toute l'équipe a réussi le premier tour, au deuxième, les gens ont commencé à ressentir la fatigue, le troisième se passa au ralenti.

Il y avait quelqu'un devant moi, déjà fatigué avec des crampes. J'ai vite compris qu'à son âge, c'était difficile de tenir la distance que nous avions faite. Je restais derrière lui, calme pour intervenir en cas de problème. Six mètres après, il a commencé à perdre ses forces. J'étais déjà arrivé sur lui, j'ai plongé par derrière pour le sortir de l'eau. Arrivé sur la terre, il était vraiment content et me disant : « Merci de m'avoir sauvé la vie, j'allais mourir pour rien ». Pour le consoler je lui ai dit : « le proverbe peule : L'eau qui dépasse les jambes est un gri-gri '. Le père de trois enfants ne doit pas mourir comme ça, car ils ont besoin de son soutien ».

Le jour de la remise des attestations, on m'a proposé pour faire partie de la table d'honneur. À cette table il y avait le représentant de la BAD, le directeur de la pêche Industrielle, le représentant du directeur de la pêche artisanale, le représentant du projet d'appui au secteur de la pêche, les formateurs et moi représentant les bénéficiaires de la formation.

Mon discours était simple, il fallait montrer les avantages de notre formation, les raisons pour lesquelles on devait la continuer à l'extérieur pour avoir des échanges avec le monde extérieur de la pêche industrielle, surtout au niveau de notre sous-région. Je n'ai fait offense à personne, mais j'ai dit l'intérêt de tout le monde.

Ils ont remis les attestations de stage. L'attestation qu'on m'a donnée à remettre était celle de mon ami Paulo Imbali, avec qui on buvait le vin de palme sous le grand arbre. Les amis ont commencé à crier « C'est vous les vrais amis jusqu'au moment de la remise des attestations, qui, au hasard, est tombée sur lui ». Ma parole d'encouragement était modeste « Sois fier de ton savoir faire, tu feras partie des premières personnes qui monteront à bord du bateau de pêche, si Dieu le veut ».

Au moment de notre départ à Bissau, j'ai fait une demande de soutien pour organiser une soirée à la discothèque de **J.P**, qu'on nous accordée et où nous avons pu inviter les formateurs et quelques responsables. Mais les habitants aussi ont massivement participé. Le matin encore, forte émotion des gens au port pour nous dire au revoir.

Quelque temps après notre arrivée à Bissau, certains ont pu partir en Mauritanie. Notre nom ne figurait pas sur la liste pour continuer la formation qui devait prendre six mois. En réalité Dieu avait béni mes souhaits envers Paulo, quatre mois après il est parti pour la pêche industrielle en haute mer.

Au moment de son départ il était venu me dire : « Tu es un parrain béni, je pars pour la pêche, mais viens on prend un verre ». Le jour de son départ, il n'a pas cessé de m'appeler au téléphone jusqu'à sa montée sur le bateau. C'est le Bon Dieu qui a fait le miracle, car les paroles dites venaient de Lui.

Parmi notre groupe, j'étais le seul à trouver du travail au ministère de la pêche, mais j'avais l'espoir qu'un jour mon tour viendra pour sortir et réaliser mon rêve « Étudier et avoir le diplôme ».

Ministère de la Pêche

À mon arrivée au ministère de la pêche, il y avait trois propositions : Me renvoyer encore à Bolama, ou à Cacine. On retint enfin Cacheu pour y finaliser un projet. Je ne connaissais personne là-bas, je devais me sacrifier pour y aller, mais c'était plus proche de Bissau.
Avant mon départ, je suis allé voir mon oncle pour lui expliquer que je devais partir à Cacheu. il m'a dit « Mon fils la vie est comme ça, mais je connais quelqu'un qui habite à Cacheu, j'espère le retrouver dans une cérémonie à Biombo au cours de la semaine prochaine, je lui parlerai de toi. »

Quelque temps après il m'a confirmé, que le monsieur était d'accord ; sa femme me prendrait en charge pour me préparer la nourriture.

Quand le ministère m'a donné l'affectation avec droit de résidence, c'était à moi de tout acheter, car le projet était en phase de renouvellement, raison pour laquelle je partais avec une équipe technique du ministère.

À un certain moment, Hugo. N. Vieira et Malam Mané, ont décidé de me faire rentrer à Bissau, en justifiant : « Herme on a besoin de toi ici à Bissau, parce que tu peux servir dans beaucoup de domaines d'intervention ou dans des projets de la pêche artisanale ; nous avons beaucoup de projets en phase de construction ».

J'étais vraiment content de m'approcher des opportunités qui pourraient apparaître. Le rêve des ingénieurs du ministère de la pêche s'est transformé en réalité. Selon eux, quelque que soit l'opportunité, il me fallait la saisir. Peu importe le domaine, j'étais d'accord pour être formé, car je ne pouvais pas passer mon temps avec des cadres formés alors que je n'avais rien comme diplôme. Après la finition du projet, j'ai trouvé la bourse d'études pour l'Algérie, surtout dans le domaine d'installations des équipements de froid et de climatisation.

J'étudie dans un domaine scientifique que je n'ai jamais imaginé aborder car mon bac était littéraire avec un seul module de mathématique qui pouvait me permettre de faire l'économie ou l'histoire et la géographie.

J'ai toujours suivi mon destin pour mon bien, car je ne savais pas dans quel domaine je pourrais un jour réussir ma vie.

Algérie mon amour

Le 21 octobre 2007, j'ai mis le pied sur le sol algérien pour la première fois, pays qui m'accueillera pendant sept ans, sans rentrer au pays. Arrivé à l'aéroport international Houari Boumédiène, je ne parlais que portugais et créole. L'ambassade de Guinée Bissau au Sénégal avait signalé à son homologue en Algérie qu'il y avait six étudiants fonctionnaires du ministère de la pêche qui arrivaient.

À l'aéroport, l'attaché culturel était présent pour nous accueillir avec le bus du ministère pour nous amener à la cité. Une fois arrivé, j'ai vite compris qu'une nouvelle vie commençait, et qu'il y aurait toujours une solution aux problèmes. L'ouverture de l'année scolaire à la cité Kouba passait inaperçu.

Comme dans mes papiers c'était écrit « I.N.S.F.P Khroub Constantine », j'étais juste de passage à Alger. Sur la carte d'Algérie la ville de Constantine semble proche, mais c'est à environ 400 km et je n'avais jamais parcouru une telle distance en voiture. Une semaine après, le chauffeur est venu nous chercher.

Six heures du matin : nous avons démarré d'Alger à destination de Constantine. À ce moment je ne connaissais rien en langue française, mais j'ai essayé de communiquer avec des amis maliens, je connaissais juste « Bonjour » et « Comment allez-vous ? » Mais je parlais en portugais avec des gestes ; il y avait un yéménite avec nous, qui avait appris la langue pendant une année mais il trouvait difficile de communiquer avec les autres.

En fin de compte on a passé plus de huit heures de temps sur la route et nous sommes arrivés le soir à Constantine et à l'I.N.S.F.P Khroub, où on devait effectuer notre formation. Le lendemain matin très tôt on nous a appelés pour assister au cours, car nous avions un retard de deux semaines de formation. Il fallait voir ça ! Yadema et moi étions nuls en compréhension et écriture de la langue française !

Pendant les quarante premiers jours de cours, les enseignants ont souffert pour nous faire comprendre, mais finalement le ministère a décidé de nous donner une formation en langue française à Médéa, une ville à presque 600 km de Constantine. C'était un soulagement pour nos enseignants, car ils se demandaient comment nous faire comprendre les difficultés de la langue. Quand la confirmation de la formation est arrivée, c'était la joie pour nous l'idée d'apprendre une nouvelle langue qui pourrait nous servir partout.

Médéa

Nous avons pris la destination de Médéa. Il a fallu plusieurs heures pour retrouver l'institut de formation d'enseignement professionnel. Une fois arrivés, il y avait déjà quelques compatriotes qui nous attendaient, dont certains qu'on connaissait depuis le pays et d'autres du même ministère de la pêche.

Le matin nous sommes allés nous présenter pour la formation en langue française. J'étais parmi ceux qui n'avaient jamais étudié le français, mais les enseignants se sont plus facilement adaptés à nous qu'aux Yéménites. Donc il fallait séparer ceux qui, avant, étaient dans la même classe.

Médéa était une ville fermée entourée de montagnes, l'adaptation était difficile. On nous surveillait partout où on allait. Nous n'étions au courant de rien. Parfois la sécurité partait nous chercher pour nous dire de rentrer car il faisait nuit. Parfois la police signalait à l'institut qu'il y avait des étrangers dehors. Le souci de sécurité a marqué l'Algérie de 2000 jusqu'à 2013.

Je me rappelle de ces jours où le directeur de l'institut nous défavorisait pour les excursions et autres activités, en avantageant les Yéménites. Les Yéménites nous voyaient différents de leur culture à cause de la religion. Mais il y avait des musulmans parmi les Bissau Guinéens, donc il était difficile de remarquer la différence, car l'éducation chez nous ne permet pas d'identifier la personne par rapport à sa religion.

Quand on nous envoya les bus pour l'excursion, le chauffeur nous pressa : « Haia, haia, haia rentre ». J'ai pris la parole et dis : « Personne ne rentre car nous ne sommes pas des moutons ! » Ce qui a fait rigoler mes amis, surtout avec l'accent. Finalement mes amis étaient d'accord avec moi. Quelques jours après, l'administration nous a convoqués pour mettre la situation au clair et on nous a demandé pardon.

En fin de compte, les yéménites qui nous avaient mal vus à cause de notre continent l'Afrique, ont vraiment reconnu que les hommes africains ne sont pas comme ils le pensaient. Ils se sont rapprochés de nous pour nous faire goûter le thé et nous apprendre les danses yéménites au foyer. Les gens de l'administration étaient surpris de notre caractère aussi simple malgré notre couleur de peau car nous étions les premiers stagiaires d'Afrique Noire à apprendre la langue française.

Ils ont compris que parmi nous, il y avait des musulmans mais qu'en Guinée la nationalité est première. On ne demande pas « Tu es de quelle religion où de quelle ethnie ? »

Mais aujourd'hui notre pays est mal vu, car les hommes politiques sont faibles et il est difficile de dire : « Nous sommes des Guinéens. »

Un matin j'étais mal réveillé, j'ai pris mon téléphone, j'ai appelé le directeur général en lui disant : « Je ne peux pas continuer mes études ici, je préfère rentrer, » il m'a dit : « OK si tu veux je te paye le billet de retour, ». Mais je me suis dit : « Un homme comme moi ne peut pas fuir, je dois tenir jusqu'au but. »

Quand on nous a donné Madame Aiche, une enseignante diplômée dans le domaine de la langue, il nous restait peu de temps avant la fin de notre formation. Chaque fois qu'elle arrivait : « Herme au tableau ! ». Elle faisait son travail parfaitement, pendant quatre mois avec nous ; c'était super et juste, on était tous motivés pour apprendre la langue française.

Par hasard, un soir que j'étais sorti pour jouer au foot, seul sport qui pouvait nous mettre en harmonie avec des amis

algériens, un joueur m'a blessé au point
de devoir mettre un plâtre pendant
deux semaines. Comme j'étais obligé
d'apprendre, j'ai quitté le troisième
étage pour loger au rez de chaussée. Il
me fallait alors marcher 200 mètres
avec une béquille avant de monter au
deuxième étage pour suivre les cours.

À la fin de notre formation,
l'enseignante nous avait proposé de
choisir un thème pour faire l'exposé
final. j'ai choisi de parler de l'histoire du
chanteur malien Salif Keita. Chacun de
nous devait présenter et expliquer en
même temps en langue française.
C'était dur, mais ça pouvait aller !

Au moment de partir au camp d'été, il y
avait de la tristesse sur le visage des
enseignants et des employés car ils
étaient proches de nous. On devait
quitter Médéa pour rejoindre notre
camp d'été organisé par le ministère de
la formation professionnelle, puis
directement notre lieu de formation.
« L'amitié ne s'achète pas, c'est à

gagner », raison pour laquelle la séparation fait couler des larmes !

Arrivés au camp d'été, ceux qui nous avaient vus auparavant, nous demandaient comment il était possible d'apprendre la langue plus facilement que les Yéménites, malgré la distance entre les langues arabe et française. La raison était que les Yéménites sont beaucoup plus réservés et timides. Avec nous ils jouaient au foot et dansaient pour se détendre.

Après avoir quitté le camp d'été, une fois arrivé à la cité, le directeur m'a demandé : « Où est ton compatriote Yadema ? » Je lui ai dit en français : « Yadema est allé à Béjaia, il sera ici après demain. » Il était vraiment touché, il m'a répondu : « D'accord, c'est super vous avez appris la langue rapidement, soyez les bienvenus pour commencer votre formation. »

Chaque jour avec les amis il nous fallait partir du centre Amar Djeff, où nous logions, pour aller suivre les cours à l'I.N.S.F.P Mohamed Ayeche, à une distance de presque trois kilomètres, car la cité était en construction. L'hiver il faisait très froid et nous n'étions pas habitués. On quittait la cité à 7 heures du matin pour arriver à l'heure.

 Le plus difficile était quand on finissait les cours à 16 heures 30 pour rentrer à la cité. Avec la fatigue on arrivait après 17 heures. Avec le système des cours accélérés en plus de la distance, ce que nous avions mangé à midi nous paraissait loin ! Une fois arrivée, la personne dormait à fond pour retrouver la forme.

Après avoir fait connaissance de quelques amis, surtout Hamza qui

129

venait nous prendre avec sa voiture. Celui-ci nous a finalement évité de gravir chaque jour une montagne pour arriver à nos cours. Après quelques mois on nous a transférés à la nouvelle cité, ce qui nous a facilité la vie pour étudier confortablement.

L'adaptation à l'enseignement francophone, différent du système lusophone, nous a perturbés pendant quelque temps. Non seulement il s'agissait du domaine scientifique, alors que j'étais littéraire et mon binôme plus que littéraire. Mais le courage et la foi en notre Messie nous ont apporté la réussite et nous ont permis de ne pas rater d'année. « Si tu veux tu peux » !

Un jour avec mon binôme Yadema, on a travaillé sur des oscilloscopes. La professeur nous en avait donné un qui présentait des problèmes. Après avoir terminé le cours, elle était venue nous dire : « Yadema vous avez abîmé l'oscilloscope et vous devez le payer. » J'ai répondu à la place de

Yadema : « Chère madame, depuis quand, les étudiants payent le matériel détérioré en labo d'apprentissage ? Mettez vous à la place de notre mère, on n'a pas droit de vous mentir, mais si une loi dit que les stagiaire doivent payer les matériels gâtés lors de la pratique, nous le ferons pour sauver votre emploi. »

Ça nous à vraiment fait honte : alors que tout le monde avait travaillé avec des oscilloscopes sans problème, il y a que les étrangers qui en ont eu. Yadema lui a rappelé après, qu'elle-même nous avait dit de ne pas toucher tel oscilloscope, car il fonctionnait mal.

Par contre, une autre professeur, madame Mounira Aoun qui, par sa serviabilité a relevé l'honneur des femmes algériennes était arrivée presque à la fin de cette dispute et a permis qu'elle se termine bien.

L'enseignante ne savait pas quoi nous dire, à part de nous demander pardon :

Elle nous considérait comme ses enfants, c'était un malentendu... Mais je me demandais si elle nous aurait fait un procès en disant que nous avions abîmé des oscilloscopes, ou bien si c'était une façon de nous faire peur pour toujours lui dire oui. Non, on avait dépassé l'âge d'être timide ou de se laisser opprimer.

À partir de ce jour on a participé à tous les exposés, parfois nous étions les premiers à lui faire les comptes-rendus, On s'est compris jusqu'à la fin de notre formation avec elle. Mais souvent nous souffrions de la discrimination envers nous. On pouvait faire semblant de ne pas en être affecté même si on pensait du mal de nous, car il vaut mieux ne pas prendre en considération les faits du passé pour mieux suivre l'avenir.

Pendant un certain temps je suis resté plus de trente jours sans sortir des murs de la résidence, je restais dans ma chambre pour lire ou dormir et mieux comprendre comment vivre avec des hommes différents. Par fois je restais à ma fenêtre pour regarder ce qui se passait dehors. Un jour le chef service m'a appelé avec mon compatriote pour nous demander : « C'est quoi les problèmes ? »

Il n'y avait rien mais c'était difficile de s'adapter, surtout pour quelqu'un qui avait déjà travaillé, et arrivait ici sans droit au travail, il fallait toujours demander pour vivre et s'habiller. Alors qu'au pays j'étais Indépendant à l'âge de 20 ans, je ne devais pas demander l'argent pour vivre, je satisfaisais mes loisirs avec mes propres moyens.

Quand j'étais malade je ne devais pas m'absenter des cours, et j'y allais avec difficulté. Madame Mounira Aoun a remarqué que je n'étais pas en forme ; à la fin de la séance elle m'a demandé : « Mon fils qu'est-ce que tu as ?» J'ai répondu : « Je suis malade je n'arrive pas à m'adapter avec l'eau et la nourriture d'ici qui me provoquent des douleurs au ventre.» Elle m'a apporté de l'huile d'olive et elle m'a conseillé de la prendre le matin très tôt avant le petit déjeuner.

Une amitié à commencé entre nous. Chaque week-end elle me demandait d'apporter mes habits pour les laver à la maison, geste d'une mère mais aussi d'une femme qui avait voyagé.

Dans cet institut, une enseignante comme elle, qui veille sur ses élèves est rare. Elle regardait de près le comportement de chacun de nous et appréciait notre volonté de suivre ses cours.

À la fin du semestre je l'ai informée que je voulais partir en vacances à Skikda mais qu'à mon retour j'aimerais faire le stage dans l'entreprise de son mari. Elle m'a répondu : « Sans problème. Prends mon numéro et celui de mon mari. À ton retour tu l'appelles. Ok ! ».

Quand je suis revenu du camp d'été 2009, j'ai appelé directement son mari, il m'a répondu: « Oui à votre service ».

Je lui ai dit : « C'est moi Herme de la Guinée-Bissau, élève de votre femme, je lui avais demandé de passer un peu de temps dans votre entreprise. ». Il m'a dit: « Je vais envoyer la voiture pour vous chercher à la cité ». Même pas vingt minutes après, un ingénieur et un technicien sont arrivés pour nous prendre avec Yadema.

Arrivés dans son bureau, il nous a dit: C'est moi le Boss et mari de votre enseignante, je m'appelle Nasserddine Aouachiria ». Je me suis présenté à mon tour ainsi que mon camarade Yadema. Le jour suivant nous sommes partis au chantier pour effectuer notre stage pratique.

Les sorties que nous avons faites avec l'équipe de *Iso Froid* dans des chantiers, étaient pour nous la possibilité de bien apprendre et comprendre les différents systèmes d'installations frigorifiques, un apprentissage dans un domaine qui était nouveau pour nous.

Azeffoune

Le 21 mars 2010, je suis parti à Tizi
Ouzou en mission de service du Groupe
Iso Froid. Arrivé à Azeffoune nous avons
travaillé jusqu'au soir. On est parti pour
loger à l'Hôtel Dauphin. Mais ma carte
de récépissé était périmée deux jours
avant mon départ. Mon ami policier
m'avait assuré de partir avec son
numéro de téléphone pour l'appeler en
cas de problème.

Par malheur, je n'étais pas parti avec
mon passeport alors que la loi dit que
pour les étrangers il faut avoir la carte
de séjour et le passeport en règle pour
avoir droit à une chambre d'hôtel. Dans
mon cas rien n'était en règle malgré
l'assurance donnée par mon ami le
commissaire. J'étais empêché de
réserver une chambre. Le réceptionniste
m'a dit : « Il faut l'autorisation de la
police pour faire la réservation pour
toi. » j'ai répondu : « Je suis d'accord ;

tu peux nous montrer le commissariat de police ?»

Il nous l'a indiqué. Arrivés au poste de police nous avons exposé mon problème. Mais pour eux il était impossible de repartir à l'hôtel, car je n'étais pas en règle. Ils ont commencé à me soupçonner d'être sans papier, ou bien d'être quelqu'un qui ne veut pas rentrer chez lui et qui cherche un moyen de partir en Europe par bateau, surtout quand c'est une ville côtière… non sans raison.

Ça m'a fait couler des larmes. Quand la femme d'Akel Abdelmalek qui était avec moi a téléphoné à son mari, pour lui demander comment s'était passée la journée, il était déjà presque 23 heures, il lui a dit : « Je ne suis pas encore endormi, car nous avons un problème avec notre étranger, nous sommes à la police, on nous a pris la clé du fourgon et les papiers de la voiture.» À ce moment-la je voyais l'injustice faite de part des policiers envers Abdelmalek.

Quand il est venu pour m'apporter le repas, j'ai refusé de manger ! J'étais choqué par comportement de la police, parce qu'un clandestin ne part jamais à chez elle pour demander l'autorisation de loger à l'hôtel. Mais ils voyaient mes papiers périmés depuis un jour. Il y eut des appels de l'officier de la police de Constantine, du gérant du groupe *Iso Froid* et du Directeur de l'institut jusqu'à minuit, pour leur dire de me laisser partir et que j'étais en règle car c'était eux qui m'avaient donné l'ordre de partir en mission.

Comme ils ont refusé de me laisser partir, l'officier de la police de Constantine leur a dit de me garder jusqu'au matin, il allait leur faxer mon dossier. Eux aussi ont reçu l'ordre de leur chef de Tizi Ouzou de me garder car j'étais dans leur territoire, en cas de problème c'étaient eux les responsables. Finalement ils ont décidé de me donner une chambre pour dormir.

C'était la première fois que je passais la nuit dans un commissariat de police. Je n'ai pas dormi de toute la nuit. A un certain moment j'ai appelé Kampuni pour entendre cette voix douce qui me venait des montagnes de Kabylie et me disait : « Il faut souffrir, c'est bientôt le jour et ça va vite passer, il n'y aura rien de mal pour toi. C'est vrai que ça fait mal mais on ne peut rien faire, demain tu seras libre. »

J'ai veillé toute la nuit avec des sentiments paisibles. À cause de moi certaines familles n'ont pas pu profiter de leur sommeil et les policiers guettaient la chambre pour voir si je dormais. Le lendemain ils ont faxé mon dossier de Constantine et on m'a laissé aller travailler, car je n'étais pas un clandestin.

Personne n'a signé d'autorisation pour prendre une chambre à l'hôtel. Il fallait qu'arrive un officier d'origine constantinoise, pour me dire qu'il était au courant du problème hier et qu'il était aussi de Constantine. J'ai vite compris que les Algériens se distinguaient aussi par leur région d'origine, et ce n'est pas seulement envers nous les étrangers.

Il nous a finalement montré quelques photos de gens recherchés dans les montagnes, qui font partie d'un groupe terroriste et dont certains d'entre eux ont disparu. Après il m'a dit : « Tu peux partir prendre la chambre à l'hôtel. » Je lui ai dit : « Mais je n'ai pas l'autorisation ! » Il m'a répondu : « une fois que vous arrivez là-bas, vous dites qu'il m'appelle. »

Arrivé à l'hôtel, le réceptionniste nous a demandé : « Qu'est ce qu'il y a ? » On lui a dit : « Il nous a dit que tu appelles » Il a compris qu'il fallait me donner une chambre et prendre soin de moi. J'ai passé trois jours avant de rentrer à Constantine, j'ai trouvé l'un des policiers qui m'a dit : « Sois à sans crainte c'est un malentendu et on faisait tout pour te sécuriser.»

Pour moi ce qui est fait est fait, je lui ai dit tout simplement : « Les clandestins ne se déclarent jamais à la police, mais j'accepte la méprise de votre part, j'accepte mon statut d'étranger. J'ai pensé qu'il avait du respect pour ses supérieurs. J'en ai tiré la conclusion que l'Algérie, à cause de la décennie noire, se méfie des instructions données par téléphone. C'est la raison pour laquelle tout se passe avec des papiers « Algérie : pays de papier.»

Au moment de rentrer, j'ai fait un tour au centre ville de Tizi Ouzou pour prendre l'air de la Kabylie et visiter la personne qui m'avait remonté le moral la nuit.

Notre équipe a décidé de rentrer à Constantine où nous sommes arrivées vers 23 heures. Le matin très tôt les rumeurs ont circulé qu'un étranger a été enfermé à cause de ses papiers. C'était faux, je n'étais pas enfermé. !

Skikda 2010

Arrivé à Skikda pour assister au camp d'été, tout se passait bien ! Quelques semaines plus tard, la restauration et la programme de sortie commençaient à se compliquer. Il fallait que certains de nos camarades se retrouvent pour mettre au clair ce qu'il fallait faire pour réussir notre séjour à l'ancien Philippeville.

Finalement ils ont décidé de choisir un délégué, je n'étais pas présent car je dormais dans ma chambre. Vers 18 heures une équipe d'amis sont passés pour m'informer qu'il y aurait une petite réunion de concertation entre nous pour élire un délégué. Ma présence était importante.

Après avoir fini de dîner, nous nous sommes retrouvés pour choisir le représentant de chaque wilaya ; j'étais délégué de Constantine. Parmi les wilayas existant en Algérie et les 18 pays d'Asie et Afrique il fallait choisir un délégué parmi les délégués pour pouvoir coordonner l'ensemble et avec leurs stagiaires. Ils ont décidé de me choisir pour guider notre caravane pendant trois mois.

Chaque matin est une naissance qu'il faut découvrir et aimer pour vivre avec des hommes dont les cultures et les langues parlées sont différentes. Certains auraient préféré un francophone à un lusophone.

Pour accomplir cette mission je regroupais tous les délégués pour leur expliquer que nous sommes les représentants de nos pays respectifs et que bientôt nous serions cadres. Il fallait faire attention aux actes et aux paroles qui pourraient nuire à nos images. Nous avons fait notre programme sportif et de restauration pour les présenter à l'administration.

Lors de notre rencontre avec le directeur de L'Institut et le directeur des études, ils ont vraiment reconnu que nous étions bien organisés et polis. Ils nous ont promis de faire de leur mieux pour satisfaire l'ensemble de nos demandes, en nous rappelant que les dépenses avaient des limites à ne pas dépasser.

En l'absence du directeur général à cause de ses vacances en France, on nous a changé tout le programme. De plus la salle de sport était ouverte sans matériels sportifs. Cela m'a choqué et j'ai fait des reproches au directeur des études : « Nous sommes des êtres comme tout les autres originaires de ce pays malgré la différence de couleur de peau. Pourquoi cacher le matériel sportif en prétendant que nous allons le gâter ? ».

Après quelques autres jours de mauvaise restauration, j'ai décidé d'aller voir le directeur de wilaya pour la formation professionnelle, pour lui exposer notre problème. Il m'a demandé : « Vous êtes arrivés comment ? On ne vous a pas amené avec la voiture ? » J'ai répondu : « Non, nous sommes venus par nos propres moyens ! Car le directeur des études a refusé de nous accompagner.»

Le directeur de wilaya nous à demandé de nous présenter par nationalités et responsabilités. J'ai commencé, en tant que délégué des stagiaires étrangers pour le camp d'été et natif de la Guinée Bissau. De même mes camarades se sont présentés avec leurs fonctions respectives et pays d'origine. Il nous a aussi demandé d'exposer nos problèmes qui étaient :

- *Manque des activités sportives*
- *Mauvaise restauration*
- *Manque de soins médicaux*
- *Manque d'eau potable*
- *Manque d'internet*

J'ai lui ai dit tout simplement :
« Monsieur nous ne sommes pas là pour exiger, mais on vous demande selon vos moyens, tout ce que vous pouvez faire pour la réussite de notre camp d'été à Skikda ». Il m'a dit : « Je suis content de ton comportement ainsi que de celui de tes camarades. À partir d'aujourd'hui je ne veux communiquer qu'avec toi. Voila mon émail et le numéro de mon chef service. Je viendrai en visite demain pour voir vos conditions de vie. Vous êtes vraiment polis.»

Le lendemain, quand il est arrivé, il m'a appelé, on a visité la salle de sport et la salle d'internet. Il a finalement compris qu'on avait raison : Plus de cent personnes ne pouvaient pas utiliser les sept ordinateurs, c'est pour cela qu'on a demandé de nous mettre le wifi, pour faciliter ceux qui avaient leur propre ordinateur portable.

En quelques jours il a fait tout ce qu'il fallait pour la réussite de notre séjour dans leur wilaya de

Skikda. Les stagiaires qui m'avaient
traité de lusophone étaient sans parole !

La famille Aouachria

La faculté de cette famille de sympathiser avec autrui, de ressentir et d'éprouver les mêmes sentiments que lui, est la raison pour laquelle j'étais toujours invité à participer, ainsi que mes amis proches, à la fête de l'aïd el Adha. La première fois que j'ai été invité dans la maison de mon très cher ami Nasserddine Aouachria, à l'arrivée de sa mère Nasserddine lui a dit : « Voici Herme et Yadema, ce sont des étudiants de Mounira. » Elle a répondu :
« Bienvenue dans la famille, mais il fallait d'abord passer chez moi avant de venir chez Nasser ! »

Si bien qu'après avoir fini de fêter l'aïd avec son fils, j'ai demandé de lui rendre visite. Celui-ci m'a dit « Oui, on part là-bas cet après midi ».

Nous sommes arrivés chez elle par surprise, avec son fils et sa bru. Il y avait presque tous ses enfants réunis avec leurs conjoints, j'étais parmi eux le seul étranger et de religion différente. L'accueil et les paroles de cette femme m'ont marqué pour le reste de ma vie, elle disait merci à sa belle fille d'avoir amené quelqu'un dans leur famille. J'étais à côté d'elle et de son fils. Elle nous disait de manger, elle nous servait à boire et nous coupait la galette faite maison.

À ce moment mes yeux se sont remplis des larmes, ça me rappelait la parole de mon ami malien Issa Konaté : « Herme tes parents ont fait du bien aux autres, à cause de cela tu ne vas jamais souffrir.» Selon les Bambara, les enfants d'une famille qui a fait du bien à autrui, ne souffriront jamais. Il y aura toujours plus de bien que de mal dans leur vie quotidienne.

Au moment de la quitter, elle m'a demandé si mes parents étaient vivants. Quand j'ai répondu oui, elle a dit à son fils de payer le billet d'avion à ma mère pour venir en Algérie, car sa famille aimerait la connaître. Elle avait déjà 77 ans. J'ai vite compris que le respect que cette famille avait pour Nasserddine m'était aussi donné.

Quand sa mère a subi une intervention chirurgicale, j'ai demandé d'aller la voir avant qu'elle ne rentre chez elle mais comme c'était dans un hôpital militaire c'était difficile. Quand elle est sortie, je lui ai rendu visite à la maison. À mon arrivée elle s'est levée pour m'embrasser toute contente. On a passé deux heures à causer. Elle m'a dit : « J'espère que ce n'est pas pour la dernière fois que tu es venu me rendre visite. On m'a dit que tu as fini tes études, il faut venir me voir avant de rentrer au pays. » Cette famille ne m'a jamais demandé : « Tu es musulman ? » Alors que c'est le bonjour des autres !

Grâce à l'expérience de ma vie en Algérie, je peux mieux réussir mon séjour dans n'importe quel pays du monde, il faut respecter toujours la

culture d'un peuple tel qu'il est. Mais je
dis tout simplement : « Que la grâce et
la paix nous soit multipliées par la
connaissance de Dieu et de nos
prophètes ! »

Soutenance

En 2011, la soutenance de notre projet de fin d'études devant les membres du jury et en public, a mis en évidence les tensions qu'il y avait dans l'institut. La discussion avait duré trois heures et quarante cinq minutes car, en l'absence de mon encadreur, certains voulaient nous massacrer.

On nous a quand même attribué la meilleure note ! Le jury a eu de la reconnaissance envers nous. Certains disaient « Vous le méritez, car votre projet est difficile ! » Un enseignant nous félicitait d'avoir apporté un thème nouveau (installation portuaire) à leurs étudiants. C'était le seul moyen pour nous de nous faire remarquer parmi les autres et aussi de laisser quelque chose de bon pour la génération à venir.

Malgré la meilleure note, mon encadreur Mounira n'était pas du tout satisfaite, elle me disait : « Herme il faut apprendre à discuter ! »

Mais Nasserddine m'avait donné des conseils avant la soutenance. Comment répondre et se comporter. Je savais que j'étais visé parce que j'étais très apprécié de mon encadreur ! Mais je ne devais pas avoir peur. Ma bouche et mon peu de savoir pouvaient me suffire.

Parole d'un père sage

Au moment de travailler mon mémoire de fin d'études, mon père était vraiment malade, il me disait : « Mon fils regarde toujours devant toi, même lorsque je serai mort, je ne doute pas de ta capacité à guider tes frères sur de bons chemins. Car tu es mon fils saint. » Je pleurais seul en entendant cela. Je me demandais ce que je pourrais faire s'il décédait. Parfois, la vie est un combat qu'il faut accepter J'ai finalement compris que la vie d'étudiant est une aventure qu'il faut oser.

Je me rappelle des paroles de mon père à ses femmes leur disant « On a fait des enfants, si bien qu'un jour la mort viendra prendre quelqu'un d'entre nous. Je préfère que ce soit moi le premier, comme ça vous profiterez de leur avenir.»

Papa m'appelle toujours vers six heures du matin pour entendre ma voix et me donner des conseils : « Herme je te connais, tu te fâches vite, j'espère que tu resteras calme et sage ; surtout garde ton sang froid et la tolérance envers autres.»

En réalité j'écoute tout le monde, peu importe l'âge. Je respecte tous les êtres humains sans distinction de race et de couleur de peau. Raison pour laquelle je me fâche quand je vois qu'il y n'a pas de considération envers moi ou mes proches. Mais je me dis : « La vie est riche des expériences et des tabous qu'il faut respecter.» Peut être dans le monde de la vérité, chacun de nous vivra du bien, fait sur cette terre.

Une vie de rêve

Quand j'ai décidé de transformer ma vie de rêve en réalité, il restait quelques mois avant que mes papiers ne soient périmés. Après une semaine passée à Alger pour accompagner Yadema, qui devait rentrer définitivement au pays, mes dernières paroles étaient pour lui faire dire à ma famille « Si Dieu le veut un jour je serai auprès de vous, je compte décrocher mon diplôme de Business Administration en Commerce qui peut encore me prendre des années.»

À ce moment-la j'avais mon billet de rapatriement, mais pour ma mère, c'était hors de question de rentrer au pays juste pour voir la famille. Elle me disait « Herme tu nous manques ! Mais nous allons bien, finis tes études et rentre une fois pour toutes.» Pour respecter la parole de ma mère j'ai décidé de perdre mon billet de retour donné par l'état algérien.

De retour à Constantine, le 11 septembre 2012, j'étais à El-Khroub pour légaliser mes papiers et continuer mes études en Algérie, car j'ai abandonné mes démarches pour le Brésil. Mon téléphone a sonné ! C'était mon petit frère luca qui m'appelait pour m'annoncer la mort de José Napoléon dos Reis au Brésil. Sur le coup j'ai laissé l'authentification de mes papiers, j'ai passé un coup de fil à Nasserddine et au père Théoneste.

Arrivé à la cité, Clesio me demande : « Herme qu'est-ce qu'il y a ? » J'ai commencé par l'informer du décès de mon oncle. D'autre part, je me suis dit qu'il avait raison, quand il me disait : «Herme qui pourra prendre soin de tes études au Brésil car je suis malade depuis des années, toutes mes économies sont investies pour me soigner ?» Mais je regrettais l'absence de sa propre famille, à part de celle de sa fille et de sa femme.

C'était triste ! L'homme connaît le jour de sa naissance, mais pas le jour de sa mort ! Raison pour laquelle on doit toujours être prévoyant, « la vie est un défi auquel il faut faire face.» La conscience de la famille restera toujours paisible malgré trente ans de séparation et de rares contacts téléphoniques, malgré la surprise de l'annonce de la mort de mon oncle. Que la gloire et le mystère de Dieu nous réconcilient pour la vie éternelle.

Église de Constantine

Le Bon Pasteur était comme un père et une mère pour les étudiants venant des quatre coins de l'Afrique. S'il n'y avait pas l'Église catholique pour les étudiants sub-sahariens, comment serait la vie pour nous dans cette ville conservatrice ? Je pouvais me sentir triste, mais une fois arrivé à la chapelle, en voyant la diversité de cultures, de nationalités et l'âge, tout se transformait en parfum de joie.

Quand je me suis retrouvé avec le père Théoneste, j'ai senti qu'il y avait quelqu'un qui pouvait me guider dans une ville aussi hermétique, mais aussi dans ma vie religieuse. Je lui ai demandé de suivre le catéchisme pour la confirmation, parce que l'année où je devais la recevoir en Guinée Bissau, on m'a donné la bourse pour l'Algérie.

J'ai suivi le cours de catéchisme seul, pendant deux ans. Le jour de recevoir le sacrement de confirmation est arrivé. J'étais seul dans ma paroisse à être confirmé, c'était une première de voir un tel sacrement spécialement pour une seule personne. Mais aussi c'était le premier sacrement dans la paroisse de Constantine après l'ordination du Père évêque Paul.

Au moment de l'imposition de la main du parrain, le père Théoneste Bazirikana a pris la place de mon parrain. Sur le moment j'étais triste mais la présence de mes compatriotes et l'arrivée de mon très cher ami Virgolino Rafael Silva avec les paroissiens de Constantine m'ont réjoui. Avec le Saint Esprit, on a fini par la joie et le partage des simples gâteaux.

Un jour Théoneste Bazirikana a décidé de me donner un lot de terre à cultiver, comme il l'avait fait aussi pour les autres. Il m'a dit : « Herme tu peux prendre un morceau de terrain, tu le travailles pour toi.» J'ai commencé ce travail.

Un certain jour, pendant l'hiver il faisait très froid, je n'étais pas assez habillé ni protégé, Jim Thierry me disait : « Herme tu es mal protégé du froid, laisse ton travail pour la prochaine fois. » Je disais «, Non, non, ça va ! Je vais le finir bientôt.» Quand j'eu fini, je suis tombé vraiment malade ! J'avais dépensé cinq cents dinars pour acheter les graines de tomate, poivron, maïs, gombo... mais les gombos n'ont pas poussé.

Quand le père Théoneste a vu mon travail, il m'a demandé : « Herme ça va? » Je lui ai dit : « J'étais vraiment malade de travailler la terre, mais j'ai semé quelques graines, j'espère que ça va pousser. » Il s'est mit à rire et m'a dit : « Mon fils bien aimé tu n'as pas grandi au village, c'est pourquoi ton travail est mal fait.»

Il avait vraiment raison : je suls de la capitale, et mon travail à été mal fait.

J'ai regretté de perdre mon temps et les cinq cents dinars qui pouvaient me servir dans le transport pour aller prier à l'église pendant beaucoup de dimanches.

Solitude

À mon arrivée à la cité universitaire Mentouri, j'étais le seul Bissau-guinéen parmi mes amis africains... de nationalité béninoise et malienne qui étaient vraiment proches et sympathiques envers moi. J'ai regardé l'humanité et le mélange des cultures dans le bon sens, et je pouvais constater qu'il y avait des mauvais et des bons. J'ai choisi toujours la côté positif d'un ami, pas son côté négatif pour garder un bon souvenir.

Pour mieux vivre au milieu des gens de culture aussi différente, il fallait que je transforme ma solitude en soins et en affection pour les autres, sans distinction entre eux. C'était pour mon bien et par humanité et donc, comme un élément essentiel de ma mission, également pour l'orientation de l'ensemble de mon progrès et l'obtention de mon diplôme en Business

Administration « ingénieur commercial».

J'avais déjà une certaine maturité, raison pour laquelle j'étais respecté au milieu des jeunes étudiants. Par contre, dans les campus universitaires, l'âge ne compte jamais, c'est beaucoup plus le milieu de fréquentation qui est considéré. Je n'étais pas homme extraordinaire mais un homme ordinaire, qui participait à la résolution de certains malentendus pour le bien des camarades étudiants.

Ce qui me touchait beaucoup, c'était de me retrouver seul au milieu de gens de même langue et de même culture, quand ils parlaient dans leur langue maternelle. Je faisais tout pour comprendre leur conversation. Parfois je posais des questions! Même si la réponse donnée ne me convenait pas, j'ai toujours essayé de faire partie de leur débat pour éviter la solitude.

J'avais en tête que je devais vivre avec des hommes différents pour découvrir le vrai monde, mais j'étais aussi comme l'ambassadeur de mon pays à travers mes pensées et mon éducation religieuse, qui attiraient l'attention des autres nationalités. Je vivais seul ; si quelqu'un frappait à ma porte j'étais prêt à l'écouter, ce qui me mettait en valeur, ainsi que mon pays d'origine et ma religion catholique.

Ma soutenance à l'IMA en 2013

En voyant l'équipe de mes compatriotes venus de Bejaia pour me soutenir, malgré leur souffrance en route, à cause de Revelino Silva Barbeiro qui n'arrivait pas à respirer par manque d'oxygène dans le long trajet en bus, je me posais la question : Pourquoi devais-je me sentir triste ? En réalité c'est eux ma famille ! Merci pour leur soutien inoubliable dans ma vie.

 Ce que mon esprit voit, mon cœur le ressent envers eux : chaque matin est une naissance qu'il faut découvrir et aimer, surtout la parole de Nabicai « Herme tu vis seul mais tu as la famille ». Pour Helder Cardoso, il fallait se déplacer pour m'assister et me porter les conseils d'un grand frère.

Pendant tous ces temps d'attente de mon diplôme, le moment le plus difficile de mon parcours en Algérie, Dieu merci, il y avait Helder chez qui je partais pour discuter en créole ou en portugais pour nous rappeler un peu le pays. Des fois je partais à l'entreprise de mon ami Nasserddine pour me connecter à Facebook et Skype.

Je passais mon temps à visiter des villes d'Algérie. Par fois je partais chez mon ami Walid Belgahri, directeur de l'Institut Spécialisé de la Formation Professionnelle de Skikda. Quand j'arrivais chez lui il avait la joie de me faire visiter son village natal, et aussi je profiter de l'air pur, de la nature, et des échanges avec sa famille.

Grace à notre amitié il a pu un jour m'inviter aux fiançailles de son neveu. Je me suis retrouvé seul parmi sa famille dont je ne comprenais pas la langue. Il me disait tu es notre invité d'honneur. Toute parole m'était traduite en français.

Walid est un ami qui m'était cher et me faisait visiter la vile de Skikda et le bord de mer. Il me confiait la clé de son bureau pour communiquer avec ma famille. Sa femme consacrait son temps libre pour s'occuper de mon séjour.

Mon chemin modifie mon histoire. Alors que ma vie se poursuit vers l'inconnu, je constate combien il m'a fallu souffrir pour en arriver là. Je compatis profondément avec la souffrance de ma mère, enceinte de moi à l'âge à 14 ans, sans que son fils n'ait rien donné pour elle jusqu'à aujourd'hui.

Dans une course, ce n'est pas le départ qui compte, mais l'arrivée. Maintenant, pour ma mère, le but est en vue. Il lui faut un sursaut de confiance absolue car je m'achemine lentement vers l'issue. Nous avons confiance dans la rencontre. Je suis donc son serviteur.

Remerciements

Je n'oublierai pas de remercier tous ceux qui, de loin ou de prés, durant mes études académiques, m'ont permis d'atteindre ce niveau, à savoir toute ma famille, tous mes enseignants, tous mes ami(e)s et connaissances, et ceux qui ont été toujours prêts à m'aider en cas de nécessité.

J'adresse ma vive reconnaissance aux personnes qui m'ont encouragé directement ou indirectement pour ce livre : Nasserddine Aouachria, Théoneste Bazirikana, Mohamed Karaali, Helder Cardoso,Lucio Alo Fernandes, Justino. J.Sà, Andy. I. Cà et Hertyziana Indi da Fonseca.

Je remercie particulièrement ma famille pour leur soutien spécial,

✓ *Mes parents pour qui aucun sacrifice n'était trop grand pour la réussite de mon avenir, mes frères et sœurs qui n'ont pas cessé de me soutenir*

✓ *Tous mes enseignants des niveaux primaires, secondaires et supérieurs pour les connaissances qu'ils m'ont apportées*

✓ *Tous mes amis (es) sincères pour leur soutien et conseils :*

Groupe Iso Froid, les étudiants universitaires de la cité Mentouri, Jim Thierry Ntwari, Prudence Teyagirwa, Abdoul Karim Poudiougo, Samba Maïga… les étudiants D'INSFP Khroub, les étudiants D'INSFP Sidi Mabrouk Jérôme Jule,Annabiu.I.Baldé…IMA Constantine, les étudiants Bissau-guinéens Alfa Issa Dembo, Roberto. B.Cà,Lidia Mireille.M.Mandim…et les membres de notre cadre amicale AEGBA (Association des étudiants Bissau Guinéens en Algérie) surtout, Carina Dias Alves et Bakary Tynkiano.

Je tiens à exprimer ma gratitude au père Jean Marie Jehl pour son écoute profonde et l'accompagnement exigeant de l'écriture ainsi que pour sa participation de cœur et d'esprit à ce témoignage et madame Rosy Laissac pour la dernière correction.

© 2014, Herme Indi da Fonseca,
Edition : BoD - Books on Demand
12/14 rond-point des Champs Elysées, 75008 Paris
Imprimé par Books on Demand GmbH, Norderstedt, Allemagne
ISBN : 9782322035670
Dépôt légal : mai 2014